PARIS
100 BARS
POUR SE DONNER
RENDEZ-VOUS

MAÏLYS ET BASTIEN DE SEZE

PARIS
100 BARS POUR SE DONNER
RENDEZ-VOUS

AU BON ENDROIT,
AU BON MOMENT
ET PLUS SI AFFINITÉS...

PARIGRAMME

Nous remercions infiniment celles et ceux qui ont accepté de jouer le jeu avec enthousiasme en nous révélant leurs meilleures planques et en nous accompagnant dans nos aventures : en particulier Mario, JH, Nico, Hugues, Hélène, Aurélie, Mathieu, Claire, Thibaut, Gab, Olivia, Orlaith, WW et les filles de la rue Blondel.

Merci aussi à l'infini et au-delà à Marine (princesse Disney), Fred (rabelaisien coquin) et Charlotte (reporter de guerre). Grâce à vous, notre opération séduction fut remplie de moments mémorables.

Nos excuses presque sincères pour avoir malencontreusement passé ce projet artistique sous silence à quelques *dates* anonymes.

Et pour finir, nous témoignons toute notre reconnaissance à Sandrine et Mathilde pour leur confiance et pour avoir révélé les *poetic lovers* qui sommeillaient en nous.

N'hésitez pas à nous écrire : **parigramme@parigramme.fr**

Sommaire

"Pour trouver la perle, il faut goûter beaucoup d'huîtres."

Un rencard vaut mieux que mille regards. Une vérité qui fait basculer du frisson à la pression, au moment de répondre à l'inévitable question : "On se retrouve où ?" Question simple en apparence, mais beaucoup plus stratégique qu'elle n'en a l'air. En effet, choisir le bon endroit pour un premier rendez-vous permet de s'attirer l'avantage. En fonction de votre "cible", de votre personnalité et de vos intentions, vous trouverez dans ces pages l'adresse idéale pour déployer la meilleure tactique.
Lors d'une rencontre en terre inconnue, la sagesse préconise de se livrer à une phase d'observation dans un lieu décontracté. Pour tenter les premiers rapprochements, rien de tel que de se glisser genou contre genou derrière un comptoir afin d'avancer plus facilement ses pions. Les cocons intimistes sont quant à eux idéaux pour faire baisser la garde de son partenaire. Et si l'on est suffisamment sûr(e) de son coup, rien n'empêche de dévoiler tout son jeu dans un cadre spectaculaire.
Dans tous les cas de figure, les constantes d'un bon "bar à rencard" sont les suivantes : un lieu original et personnalisé afin de montrer que l'on s'est creusé la tête ; une ambiance pas trop pompeuse pour rester zen ; de l'intimité propice aux confidences ; enfin, de quoi grignoter pour choisir de faire durer la soirée, ou bien de s'enfuir sans demander son reste.
Seule l'alchimie décidera du dénouement de la partie, mais dans une ville aussi sexy que Paris, il devient plus facile de mettre tous les atouts de son côté pour réussir son coup de maître ... Échec et mat !

TERRASSE CHEMINÉE VUE BAR À VIN

1

Briser la glace

Depuis le premier regard ou le premier *like*, il semble qu'il se passe quelque chose... Vague impression ou réelle intuition, il va falloir en avoir le cœur net et apprendre à mieux se connaître. Pour ce faire et sans avoir l'air d'y toucher, privilégions donc la valeur sûre : un lieu "ni trop ni trop peu", simple mais joli, qui met à l'aise. Juste pour voir si cette rencontre mérite de passer à l'étape suivante...

Carpe Diem Café

21, rue des Halles, 1er • M° Les-Halles ou Châtelet
Tél. 01 42 21 02 01

Du lundi au samedi de 9h30 à 2h

Cocktail à partir de 11 € • Planche à partir de 11,50 €

carpediemcafe.fr

CUEILLIR LE JOUR • Heureux qui comme Ulysse a dans sa musette une bonne petite adresse intime en plein cœur de l'agitation du quartier Châtelet. Un lieu infaillible comme le Carpe Diem Café, bar-resto discrètement placé à deux pas du Forum, qui accueille les heureux initiés dans une ambiance chaleureuse et raffinée, à mille lieues des pubs bruyants du quartier. Plafond bleu nuit piqueté de lumières façon voûte céleste, mezzanine cosy drapée de rideaux, espace bibliothèque aux lumières tamisées, souplex aux gros canapés : cet endroit, tout en recoins et en étages, est parfait du petit-déjeuner au dîner aux chandelles – résistez toutefois au camembert rôti, redoutable dans tous les sens du terme ! Messieurs, il ne vous reste plus qu'à être convaincants pour ne pas vous faire voler la vedette par Guy, le patron, sosie officiel du charmant Simon Baker (*The Mentalist*)...

Le Bar du Caveau

17, place Dauphine, 1er • M° Pont-Neuf
Tél. 01 43 54 45 95

Du lundi au vendredi de 8h à 18h30

Verre de vin à partir de 4,50 € • Café 2,50 €

CARTE POSTALE PARISIENNE • Il est 8 heures, Paris s'éveille. Sur la place Dauphine, trésor parisien abrité derrière l'ancien palais de Justice, les travailleurs du quartier viennent avaler leur petit noir au Bar du Caveau avant d'attaquer leur journée et les touristes s'émerveiller de cet îlot provincial en plein cœur de Paris. De bon matin autour d'un croissant et d'une orange pressée ou en fin d'après-midi avec un verre de blanc et une planche, pour musarder sur la terrasse ensoleillée ou remonter le temps entre les murs de pierre et les poutres apparentes, ce troquet offre l'un des cadres les plus romantiques de la capitale aux amoureux qui s'y retrouvent avant de jouer le *revival* des *Amants du Pont-Neuf*. Bonus : en échange d'un grand sourire, le patron vous prêtera ses boules de pétanque pour aller jouer sur la place.

Le Bliss

8, rue Coquillière, 1er • M° Étienne-Marcel, Châtelet ou Les-Halles
Tél. 01 40 28 99 99

Tous les jours de 9h à 2h

Cocktail à partir de 12 € • Planche à partir de 14 €

blissparis.fr

POUR GLISSER UN *KISS* • C'est pratique, le Bliss. En plein cœur des Halles, dans une rue piétonne face à la jolie rotonde de la Bourse de commerce, on s'y retrouve très facilement. Si la terrasse est agréable pour regarder passer les badauds, c'est bien dans la salle que ça se passe vraiment. Un lieu immense, agencé comme autant d'espaces de vie où boire des coups ou manger une pizza. Deux options au moins : cocooner dans la semi-pénombre, dans les fauteuils ou le canapé, ou bien s'installer autour du beau comptoir pour laisser divaguer votre conversation et votre regard sur les objets chinés aux quatre coins du monde composant le décor. Si la conversation peine à trouver son rythme, le baby-foot, la table de ping-pong et le billard anglais serviront de leurres opportuns. Un lieu parfait pour un moment à la cool dans le quartier le plus dense de la capitale.

Coinstot Vino

26 bis, passage des Panoramas, 2e • M° Grands-Boulevards ou Bourse
Tél. 01 44 82 08 54

Du lundi au vendredi de 12h à 14h et de 18h à 0h30

Verre de vin à partir de 5,50 € • Planche à partir de 15 €

lecoinstotvino.com

SE RACONTER DES HISTOIRES • Un bar à vin sans flonflons mais avec une sacrée distinction, grâce à sa situation au cœur du passage des Panoramas, une merveille que les touristes connaissent mieux que les Parisiens. Sa traversée romanesque, entre mosaïques au sol et enseignes d'autrefois, découvre tout au bout un troquet animé et charmant. La terrasse sous verrière sera parfaite si vous avez rendez-vous avec un fumeur. Ici, le service, la déco, l'ambiance et les vins misent tout sur le naturel : au milieu des caisses jonchant le sol, les doigts se frôlent au-dessus des verres et d'une bonne terrine-cornichons. Profitez-en pour glisser quelques anecdotes sur ce passage, premier à être construit à Paris, en 1799… avant de retourner à l'agitation des boulevards.

Edgar

31, rue d'Alexandrie, 2e • M° Strasbourg-Saint-Denis ou Réaumur-Sébastopol
Tél. 01 40 41 05 69

Tous les jours de 7h30 à 22h30, jusqu'à 16h30 le dimanche

Cocktail à partir de 10 € • Verre de vin à partir de 4,50 € • Tapas 20 €

edgarparis.com

PARFAIT TRAQUENARD • Dans ce coin du Sentier appelé Petite Égypte, entre boutiques d'export de demi-gros et stocks de fringues à gogo, Edgar apparaît fièrement sur une place arborée toute calme et toute mignonne. Cette auberge branchée, tenue par un personnel particulièrement attentionné et délicat, a laissé derrière elle son passé d'atelier de confection pour se relooker en parfait spot à rencards. Elle dévoile une belle terrasse de village, délicieuse à la lumière déclinante autour de détonants “Moscow mule” au poivre servis glacés. Par temps gris, se poser dans la salle design au glamour scandinave et partager une burrata ultra crémeuse aux lamelles de poutargue pour une entrée en matière des plus savoureuses.

Lockwood

73, rue d'Aboukir, 2e • M° Sentier
Tél. 01 77 32 97 21

Aperitivo (au rez-de-chaussée) du lundi au samedi de 18h à 2h

Bar (au sous-sol) du mardi au samedi de 19h30 à 2h

Cocktail 13 €

lockwoodparis.com/bar

LA BONNE CLÉ • Lockwood présente plusieurs visages et autant d'options pour séduire. On y débute le mouvement d'approche avec un aperitivo à la milanaise, une vraie aubaine grâce à laquelle pour un cocktail consommé, les antipasti et amuse bocca sont servis à volonté dans une grande première salle. Repus mais pas encore comblés, un gin arrangé spécial de la maison en main, la prochaine étape vous mènera jusqu'au sous-sol, via un couloir aux airs de cabinet de curiosités mixant mobilier de maison de campagne, peaux de bêtes et photos d'époque. Là, l'atmosphère se fait plus intime dans de petits salons en alcôve, taillés dans la pierre et éclairés à la bougie. Et pour finir, une salle aux airs de crypte secrète invite à des collés-serrés autour d'un beau comptoir arrondi et animé.

L'Opium du Peuple

10, rue Montgolfier, 3e • M° Arts-et-Métiers
Tél. 06 23 16 92 23

Tous les jours à partir de 17h, jusqu'à 1h du lundi au mercredi, jusqu'à 2h du jeudi au samedi, jusqu'à 23h le dimanche

Bière à partir de 3,50 € • Verre de vin à partir de 4 € • Planche à partir de 9 €

Facebook : L'Opium du Peuple

DROGUE DOUCE • L'Opium du Peuple ? 130 mètres carrés d'addiction légale ! On y perd la tête avec une déco digne d'un tableau Pinterest, on s'y étourdit à coups de Spritz ou de cocktails maison, et pour finir on devient accro à la terrasse géante… Avec ses briques et ses vieilles poutres, ses banquettes coussinées et ses fauteuils en cuir patiné tout joufflus, ce bar, c'est un peu Brooklyn à Paris. Un QG popu mais joli, acidulé et fleuri, nickel pour se poser dans une ambiance cool après une expo à Beaubourg. On y trouve à des prix démocratiques (l'happy hour est top), un vaste choix de bières à la pression ou en bouteille, du bon vin, des planches et des tapas. Et pour lancer la machine, des shots, du rhum arrangé et un flipper. On n'est pas bien, là ?

Le Wood

1, place de Thorigny, 3e • M° Saint-Paul ou Chemin-Vert
Tél. 01 42 71 39 08

Du lundi au samedi de 9h à 1h30, dimanche de 11h30 à minuit

Cocktail à partir de 12 € • Tapas 9 €

Facebook : Le Wood Bar

CABANE COSY • Le Wood s'abrite sous les arcades de pierre d'une charmante place toute calme au croisement de trois rues élégantes du Marais, à deux pas du musée Picasso. Ce lieu à haute teneur en branchitude joue les refuges citadins pour les barbus à bonnet du quartier qui viennent y bosser. En fin de journée, ils troquent le grand comptoir doré contre une alcôve émeraude ou un coin de canapé à partager avec leur *target* du jour. L'apéro, à base de cornets de patate douce ou de burrata-pastèque, est aussi funky que les tatouages des serveurs. C'est à la nuit tombée que la terrasse prend tout son charme, pour un dernier verre sous les arbres, à la lueur de becs de gaz rétro. Ultime douceur à croquer : les célèbres gaufres de la pâtisserie Meert située juste en face, histoire de retarder la question fatidique : "Chez toi ou chez moi ?"

The Cambridge Public House

8, rue de Poitou, 3ᵉ • M° Filles-du-Calvaire
Tél. 01 42 71 39 08

Tous les jours de 15h à 1h

Cocktail 13 € (sans alcool 8 €) • Demi 4 € • Verre de vin à partir de 6 €

thecambridge.paris

À NOUS LES PETITES ANGLAISES ! • Pour une leçon de classe à la british, un *date* dans un pub est tout indiqué. Mais ceux-ci étant à Paris ce que la gastronomie est à l'Angleterre, il faut être assez *smart* pour bien le choisir. Direction The Cambridge Public House, avec sa façade bleue flanquée de rideaux rouges. Les boiseries, élégantes et chaleureuses, s'ornent de lampes de banquier et de gravures de chasse. Dans ce QG de la communauté anglo-saxonne, ce sont pourtant les cocktails qui tiennent la vedette, redoublant de créativité au gré des saisons grâce à une équipe britannico-bretonne de choc. Hissé sur un tabouret en velours, on prend sa tournée au comptoir et la discussion roule comme sur un billard anglais. Avant de rejoindre le canapé en cuir du petit salon, poste idéal pour commenter les tenues de la faune branchée du Haut-Marais qui défile derrière les baies vitrées.

Bubar

3, rue des Tournelles, 4e • M° Bastille
Tél. 01 40 29 97 72

Tous les jours de 19h à 2h

Verre de vin 5 € • Assiette de fromage 10 €

À GARDER POUR SOI • À l'inverse du flamboyant génie de la Bastille que l'on aperçoit par-delà les toits des immeubles de cette rue calme du Marais, ce bar à vin est un repaire hors des modes, volontairement discret. Il y flotte toute l'année un je-ne-sais-quoi de la magie de Noël : est-ce la ressemblance du tenancier (le fameux Bubar, toujours en bermuda) avec Santa Claus ? La ritournelle grésillante des chansons de crooners dans le mange-disque ? Ou les caisses de très bons vins empilées au sol, comme des cadeaux sous le sapin ? Quoi qu'il en soit, même les ressorts des fauteuils fatigués contribuent au plaisir d'avoir découvert une vraie maison du bonheur, où règnent spontanéité et gourmandise. Entre choisir un CD dans les rayonnages de guingois, piocher un bout de crêpe à disposition sur le comptoir, se décoincer en trinquant *a la grappa* avec les habitués : la recette a l'air de marcher, car le taulier s'amuse de la réputation de "bar à rendez-vous Meetic"...

Le Marcounet

Port des Célestins • Quai de l'Hôtel-de-Ville, au pied du pont Marie, 4e
M° Pont-Marie • Tél. 06 60 47 38 52

Du lundi au samedi 9h30 à 2h
Bals swing tous les dimanches de mi-juillet à mi-août
Se renseigner avant de s'y rendre les vendredi et samedi soirs

Bière 5 € • Planche 15 €

peniche-marcounet.fr

SOUS LE PONT LA PLAGE • "Chez nous on fait tchin-tchin, pas bling bling" : telle est la promesse (tenue !) du Marcounet ! En invitant l'objet de sa convoitise à bord de cette péniche amarrée entre l'île Saint-Louis et l'Hôtel de Ville, on pourra lui offrir l'une des expériences les plus romantiques de Paris, sans pour autant se prendre au sérieux. Aux beaux jours, la terrasse déborde joyeusement sur les quais enguirlandés de lampions ; dans un esprit de fête villageoise, on bamboche à grand renfort de grillades, de rosé et de concerts gratuits. Quand les jours fraîchissent et raccourcissent, c'est pelotonné au coin de la cheminée ou sur le pont supérieur chauffé que l'on admirera de concert le pont Louis-Philippe à tribord, le pont Marie à bâbord et les tours de Notre-Dame en ligne de mire...

Maria Loca

31, boulevard Henri-IV, 4e • M° Bastille
Tél. 01 42 77 51 95

Lundi de 12h à 15h, du mardi au vendredi de 12h à 15h et de 18h à 2h, samedi de 18h à 2h

Verre de vin à partir de 4 € • Cocktail à partir de 11 € • Grignotage à partir de 6 €

marialoca.com

PARIS LATINO • Invitation au voyage parfaite pour amorcer l'inépuisable sujet de vos anecdotes de *backpacker*, le Maria Loca n'est pas un simple bar pour accros aux applis de rencontres. Une fois la porte franchie, on plonge dans les histoires des contrées lointaines d'Amérique du Sud, de l'Amazone et de la Terre de Feu... Un peu comme vos aventures en Erasmus : fascinantes ! Dans une déco chaleureuse où bougeoirs-cages à oiseaux, plantes, grigris mayas et ombrelles pendent du plafond, c'est évidemment aux sons chaloupés de la samba ou de la salsa que se fera la découverte de votre *gringo* ou de votre *chica*. Pour "calienter" un peu plus l'ambiance, l'établissement propose une belle sélection de cachaças, en provenance de Santiago, Copacabana et autres lieux de légende. Une adresse colorée et pleine de joie de vivre.

La Nouvelle Seine

Sur les berges, face au 3, quai de Montebello, 5e • M° Saint-Michel
Tél. 01 43 54 08 08

Du mardi au dimanche de 12h à 14h15 et de 19h à 23h

Bière à partir de 5 € • Coupe de champagne et cocktail à partir de 10 €

lanouvelleseine.com

PARIS CŒUR À CŒUR • Du haut de ses vénérables tours, Notre-Dame pose un regard protecteur sur la péniche amarrée à ses pieds qui se balance en grinçant doucement au gré des flots. Dans ce lieu unique au débouché d'un dédale de ruelles pavées du vieux Paris, cette embarcation ne pourra que faire battre vos cœurs, à l'unisson de ceux de Phoebus et Esmeralda, les amoureux du *Notre-Dame de Paris* de Victor Hugo. Si le tangage venait à alanguir votre conversation, descendez voir ce qui se passe dans la cale aux rideaux rouges. On donne ici chaque jour un spectacle où se mêlent rire et théâtre, cabaret et music-hall. Cet intermède passé, retour en haut, où le décor tout simple facilite les confidences autour d'une bière et d'une planche, sous l'œil attentif des gargouilles de la cathédrale, qui vous surveillent dans l'obscurité de la nuit piquée d'étoiles...

Le Cinquième Sens

1, rue Dante, 5e • M° Cluny-La-Sorbonne
Tél. 01 71 75 48 85

Du mardi au samedi de 18h à 2h

Cocktail à partir de 12 € • Tapa 1 €

Facebook : Le Cinquième Sens Paris

CINQ SUR CINQ • Le Cinquième Sens comme le goût, le cinquième arrondissement, le “savoureux” ou cinquième saveur de base pour les Japonais, les cinq doigts de la main… une déclinaison de promesses tenues par Thibaut, le patron qui a fait ses classes dans les plus grandes maisons parisiennes. Loin des concepts, il souhaite juste que ses clients se sentent bien chez lui et s'y régalent. Sa recette ? Un décor simple mais bucolique d'inspiration tropicale, des cocktails création et de délicieuses tapas. Aux beaux jours, goûtez à la douceur de la nuit installés côte à côte sur un banc en terrasse, et admirez Notre-Dame, vos verres bien calés sur un astucieux support éclairé par une bougie. Une adresse aussi précieuse qu'un flacon de N° 5.

Le Salon du Panthéon

13, rue Victor-Cousin, 5e • M° Cluny-La-Sorbonne ou RER Luxembourg
Tél. 01 56 24 88 80

Du lundi au vendredi de 12h30 à 19h

Verre de vin à partir de 4 € • Chocolat chaud et thé 6 €

whynotproductions.fr/pantheon

TEA AT CATHERINE'S • Passez sans payer devant le guichet de l'ouvreur de ce cinéma d'art et d'essai du Quartier latin et montez les escaliers, au-delà de la salle de projection. Vous arrivez alors chez Catherine Deneuve, ou plus exactement dans le grand salon chaleureux qu'elle a décoré elle-même. Des bibliothèques remplies d'ouvrages sur le 7e art cloisonnent de nombreux coins canapés éclairés par des lampes de chevet, le tout ouvrant sur une petite terrasse fleurie, agréable bien qu'un peu encastrée entre les murs des immeubles voisins. C'est sobre, de bon goût, et plein de scénaristes qui parlent plans-séquences et de romanciers se plaignant de leurs à-valoir... Un lieu parfait, donc, pour qui se prendraient subitement pour Sabine Azéma ou Pierre Arditi dans un film d'Alain Resnais.

Huguette

81, rue de Seine, 6e • M° Mabillon
Tél. 01 43 25 00 28

Tous les jours de 8h à 2h

Verre de vin à partir de 4 € • Tartine à partir de 10 € • Fruits de mer à partir de 11 €

huguette-bistro.com

COMME AU CAP FERRET • Parce qu'un amour de vacances peut avoir un lendemain, il faut connaître Huguette, transition parfaite entre *farniente* à la mer et vie parisienne. Terrasse abritée par des stores marinière et des plantes vertes, salle vivante et tables hautes pour se faire face, tout proches : c'est dans cette cambuse *smart* du 6e qu'accostent en pleine ambiance de marché les jeunes gens du quartier, pour un petit-dej' dans la piétonne rue de Buci. Dès midi et jusque tard dans la nuit, on s'attable autour d'une assiette de coquillages et crustacés et d'un verre de muscadet. On peut même oser le "Mais qu'il est bon cet oursin. Ah, pardon c'était ta barbe" car ce fruit rare est servi ici, en saison. Une expérience qui tombe à pic(s), car à en croire le chef Pierre Gagnaire : "Y goûter est une sensation extrême, presque sexuelle". S'il le dit...

Marcello

8, rue Mabillon, 6e • M° Mabillon
Tél. 01 43 26 52 26

Tous les jours de 8h à minuit • Arrivez tôt pour avoir une place en terrasse

Verre de vin à partir de 6 € • Marcello Spritz 12 € • Pâtes à partir de 19 €

marcello-paris.com

JE T'AIME À L'ITALIENNE • Logé dans une cour romaine tapie en contrebas d'une rue pavée, on accède chez Marcello par un vieil escalier de pierre. Dans ce loft indus', c'est Dolce Vita toute la sainte journée, 16 heures sur 24, en mode coffee shop, bar à cocktails ou trattoria. Si votre rencontre date de la veille au soir, vous y prendrez votre premier petit-déjeuner (servi jusqu'à 16 heures...). Tout se passe bien ? Poursuivez votre conversation en picorant, jusqu'à la tombée du jour, fritures d'éperlan, *arancini* à la truffe ou autres *tramezzini* (petits sandwichs turinois) arrosés d'un Spritz spécial. Et si vous n'arrivez pas à vous quitter, vous finirez peut-être par partager un plat de spaghettis maison avocat-citron, en rejouant la scène de *La Belle et le Clochard*...

Bal de la Marine

Péniche *Cercle de la Mer* • Port de Suffren, 7e
Rampe d'accès par le pont Bir-Hakeim
M° Bir-Hakeim ou RER Champ-de-Mars-Tour-Eiffel
Tél. 01 47 05 65 57

Lundi de 18h à minuit, du mardi au dimanche de 10h à minuit
Concerts et bals les jeudi, vendredi et samedi soir

6 huîtres creuses de Riec-sur-Belon 13 € • Assiette de bulots 7 €

Facebook : Bal de la Marine

S'ÉTOURDIR • Cette immense péniche amarrée pile aux pieds de la tour Eiffel offre la promesse de faire grimper crescendo le frisson du premier rendez-vous. On apprend à se connaître à la fraîche autour d'un verre de blanc et d'une douzaine d'huîtres sur le bar flottant, avant d'aller chanter du Joe Dassin autour du piano et de tournoyer au son du bal musette… Pour finir sur le ponton, essoufflés mais heureux, les yeux dans les yeux avec pour seul témoin, la scintillante Dame de Fer, si proche que c'en est troublant. Un attrape-cœur idéal, une guinguette maritime joyeuse et un bonus stabilité à signaler pour tous ceux qui souffrent du mal de mer !

VOUS VOULEZ PLAIRE À...

Vous avez en vue un spécimen très spécial, limite cliché. Marquez des points en montrant (ou en simulant) de l'intérêt pour son univers particulier. Parce qu'un pêcheur sachant pêcher ne met pas le même hameçon pour ferrer tous ses poissons.

... UN(E) GEEK

Ici, le vigile n'est autre que le robot R2-D2, le Saint Graal d'Indiana Jones est présenté comme une relique et les gros canapés invitent à tester des dizaines de jeux de société : 500 mètres carrés de nerditude pour se découvrir en s'amusant.

Dernier Bar avant la Fin du Monde
19, avenue Victoria, 1er • M° Châtelet
dernierbar.com

... UN(E) SUPPORTER(RICE) DU PSG

Très peu romantique, mais peut-être l'endroit le plus sacré de Paris... Un temple à la gloire du PSG où Patrick veille sur Neymar et où chaque client est un ami. Entre Manu et Michel, criez ensemble “Ici c'est... ? Paris !” et laissez-vous griser par la passion ambiante.

Le Perroquet
56, rue des Plantes, 14e • M° Alésia
facebook.com/Perroquet-rendez-vous-des-supporters-du-Psg

... UN(E) MÉTALLEUX(SE)

Une cervoise bien fraîche, des têtes de mort, une cave cryptique et bien sûr, du Lemmy en fond sonore (mais pas trop fort) : rien de tel que ce bar bien underground mais quand même grand public pour attendrir le cœur d'un gros dur tout clouté.

Cantada II
13, rue Moret, 11e • M° Ménilmontant
cantada.net

... UN(E) AMOUREUX(SE) DES CHATS

Parce que caresser ensemble des chatons pendant un premier rencard n'est pas tout à fait anodin, vous lui prouverez que vous êtes un être sensible et aurez du même coup un sujet de conversation tout trouvé. La contrepartie est que ça sent un peu le fauve...

Le Café des Chats
9, rue Sedaine, 11e • M° Bréguet-Sabin
lecafedeschats.fr

Le Café des Chats

... UN(E) INTELLO

Glosez littérature autour d'un verre de vin au comptoir, au milieu des livres du bar-librairie La Belle Hortense ; débattez d'un film d'art et d'essai dans le luxuriant jardin caché de l'Entrepôt ; ou refaites le monde au son de rythmes klezmer sur une place de village, au café culturel Lou Pascalou.

La Belle Hortense
31, rue Vieille-du-Temple, 4e
M° Saint-Paul
cafeine.com/fr/belle-hortense

L'Entrepôt
7, rue Francis-de-Pressensé, 14e
M° Pernety • lentrepot.fr

Lou Pascalou
14, rue des Panoyaux, 20e
M° Ménilmontant
cafe-loupascalou.com

... UN(E) ADO ATTARDÉ(E)

Échangez vos souvenirs d'enfance en buvant un cocktail à la fraise Tagada dans un biberon, avant de vous défier sur des questions de Trivial Pursuit Disney, sur fond de génériques de dessins animés.

Zéro de Conduite
102, rue du Théâtre, 15e
M° Avenue-Émile-Zola
zerodeconduite.fr

... UN(E) ALTERMONDIALISTE

Offrez à votre militant(e) en poncho un bout de Katmandou, dans un salon de thé-brocante-disquaire-librairie embrumé par les volutes d'encens et interdit aux téléphones portables. Et n'oubliez pas que l'indépendance du Chiapas vous tient à cœur.

Thé-Troc
52, rue Jean-Pierre-Timbaud, 11e
M° Parmentier
Facebook : Boutique The Troc

Et aussi : **La REcyclerie**, voir page 48.

... UN(E) VEGAN

Partager des rillettes et du fromage végétaux et trinquer à l'alcool bio : quelle meilleure preuve de votre engagement pour la planète et nos amis les bêtes que de l'emmener dans un bar à tapas garanti responsable et sans souffrance ?

Le Faitout
23, avenue Simon-Bolivar, 19e
M° Pyrénées • lefaitout.fr

... UN(E) HYPERACTIF(VE)

Votre *target* n'arrête jamais. Cela vous fatigue déjà ? Épuisez-la un peu avant d'aller boire un verre, à l'Arkose, un lieu combinant mur d'escalade ET bar.

Arkose
35, rue des Grands-Champs, 20e
M° Buzenval • nation.arkose.com

... UN(E) BOBO

Boire des coups dans une brocante qui se transforme en bar clandé après la fermeture, voilà qui fait toujours son petit effet même chez les plus parisien(ne)s des Parisien(ne)s.

Eva Pritsky
5, rue d'Eupatoria, 20e
M° Ménilmontant
Facebook : Eva Pritsky

Et aussi : **MOB Hotel**, voir page 56.

... UN(E) SANS ALCOOL

Ce n'est pas parce qu'il/elle ne boit pas d'alcool que vous devez vous contenter de lui offrir un jus de tomate. Dans ce "dry bar", les nombreux "mocktails" reproduisent le goût des cocktails alcoolisés par un habile jeu de dupes.

Cozette
20, avenue de Saint-Ouen, 20e
M° La-Fourche
Facebook : Cozette Dry Bar

Eva Pritsky

Arkose

... UN(E) TOURISTE

Des bulles, la Dame de Fer, une vue panoramique et vertigineuse sur Paris : le bar à champagne de la tour Eiffel, c'est tous les clichés parisiens réunis, et c'est pour ça qu'il marche à tous les coups. Voulez-vous coucher avec moi ce soir ?

Bar à champagne de la tour Eiffel
5, avenue Anatole-France, 7e
M° Passy
restaurants-toureiffel.com

... UN(E) MONOMANIAQUE

Pro du whisky, fan de bière artisanale, mordu de saké, fondu de gin ou baba de rhum : vous avez affaire à un(e) expert(e), voire à une pointure. Faîtes-lui connaître ces temples de "vrais de vrais" anti-blasés.

WHISKY : Golden Promise
11, rue Tiquetonne, 2e
M° Étienne-Marcel • whisky.fr
Et aussi : **Sherry Butt**, voir page 62

RHUM : Mabel
58, rue d'Aboukir, 2e • M° Sentier
mabelparis.com

BIÈRE ARTISANALE : Brewberry
18, rue du Pot-de-Fer, 5e
M° Place-Monge • brewberry.fr

SAKÉ : The Cod House
1, rue de Condé, 6e • M° Odéon
thecodhouse.fr

GIN : Tiger
13, rue Princesse, 6e • M° Mabillon
tiger-paris.com

Pour les **bars à vin**, reportez-vous au picto.

Marcella

1, boulevard de Courcelles, 8e • M° Villiers
Tél. 01 40 08 08 25

Du lundi au samedi de 7h à 1h, dimanche de 10h à 16h

Cocktail 9 € • Verre de vin à partir de 5,50 € • Planche à partir de 18 €

marcella.fr

POUR UN FLIRT • Marcella, la brasserie cool et chic de Villiers, ouvre sa grande terrasse aux working girls, aux golden boys et à tous les autres, dans un décor digne d'une couv' d'*Elle Déco*. Un café, une trattoria, un bar à cocktails et un buffet d'antipasti : ici, on sait tout et bien faire, dans une ambiance mi-urbaine, mi-rustique, qui plaira aux Parisiens voulant se mettre au vert. Côté ville, le comptoir branché flirte avec les tables d'hôtes recouvertes de marbre ; côté campagne, les grands canapés profonds, les tapis persans et les lampes de chevet se prêtent aux confidences pendant les longues soirées d'hiver… Et l'été, le parc Monceau voisin permet de prolonger ce moment champêtre, en parlant de votre désir partagé de partir faire une “digital detox” en Lozère.

L'Agence

36, rue des Vinaigriers, 10e • M° Jacques-Bonsergent
Tél. 01 53 26 38 69

Du lundi au samedi de 18h à 1h

Verre de vin à partir de 4 € • Assiette de bulots 8 € • Tartine à partir de 13 €

PINOT, MOTOS, BULOTS • Parmi les innombrables options de ce quartier à la mode, L'Agence dénote par son attitude anti m'as-tu-vu, à tel point qu'elle pourrait presque passer inaperçue. Un repaire parfait, donc, pour mettre à l'aise un(e) allergique à la hype, avec sa grande salle aux vieilles pierres et poutres apparentes ressemblant à un grenier auvergnat plein de trouvailles foutraques sorties d'une foire-à-tout. Au milieu des motos, des vieux projos et d'improbables poupées désarticulées, on se partage à la bonne franquette un bon pinot *grigio*, une planche ou même des bulots (NB : un tue-l'amour). Le tout dans une ambiance simple de bar d'habitués, la B.O. 100 % vieux tubes en plus.

Le Comptoir Général

80, quai de Jemmapes, 10ᵉ • M° République ou Jacques-Bonsergent
Tél. 01 44 88 24 46

Du lundi au mercredi de 18h à 1h, jeudi jusqu'à 2h, vendredi de 16h à 2h, samedi et dimanche de 14h à 2h

Cocktail à partir de 6 € • Sandwich 6 €

lecomptoirgeneral.com

L'ARCHE PERDUE • Au bord du canal Saint-Martin, un mur graffé arrête le regard. Au fond d'un jardin sauvage, un long et sombre couloir éclairé de lustres antiques. Tout au bout, la réception de ce qui semble être un hôtel abandonné depuis des siècles. Et enfin, au fond, une pièce immense aux allures de camp de fortune investi par Indiana Jones. Des plantes indisciplinées, des tentes, des portraits d'ancêtres, de vieux transistors, des insectes sous cloche, des hélices, des journaux racornis… Le voyage commence. Au son des tam-tams, on va chercher deux verres de rhum vieux et un club sandwich exotique au comptoir d'un bateau pirate, avant de les déguster au milieu de cette petite jungle. Qu'est-ce que tu fais pour les vacances ?

Les Entretiens

33, rue du Faubourg-Saint-Martin, 10e • M° Strasbourg-Saint-Denis
Tél. 01 42 06 84 26

Du mardi au vendredi de 10h à 2h, samedi de 15h30 à 2h

Demi 3,50 € • Café bio 2,20 € • Planche à partir de 6 €

les-entretiens-paris.com

ENTRETIEN DÉBAUCHE • Un endroit malin qui cumule les bons points. Derrière de grandes baies vitrées, la vaste salle habillée d'un plafond à caissons, de pierres de taille et de briques, est agrémentée de multiples petits coins douillets aux fauteuils profonds et canapés tout doux. Pour un rendez-vous intime, un petit salon à l'écart permet de se mettre entre parenthèses, dans un décor vintage rappelant certains cafés underground d'Europe de l'Est. Derrière le long comptoir, deux amies proposent à boire et grignoter à toute heure. L'équation résolue est la suivante : décor cossu + prix popus = un vrai bar de quartier simple mais avec du caractère, qui donne envie de signer le contrat direct. CQFD.

Clara Club

8 bis, rue Sedaine, 11e • M° Bréguet-Sabin
Tél. 07 71 61 22 35

Mardi et mercredi de 18h à 2h, jeudi et vendredi de 18h à 5h, samedi de 18h à minuit
Concerts les vendredi et samedi

Cocktail à partir de 12 €

Facebook : Clara Restaurant Bar Club Officiel

CLARA BELLE • Ce club détonne à côté des bars riquiquis et bourrés à craquer qui font florès dans le quartier de la Bastille. Dès l'entrée, où le barman réalise ses mix sur un capot de tracteur Massey Ferguson, le décor déjanté surprend : plafond bas bardé de graffitis à la craie et sol de béton brut pour le côté indus', mobilier néo-rétro et touches mordorées pour égayer le tout. Dans ce grand hangar confortable, les tables hautes côtoient les basses, les canapés les poufs, les tabourets les fauteuils : ça part dans tous les sens, mais toujours dans le bon et ça détend ! Installés à l'immense comptoir, sous les miroirs anciens reflétant les papiers peints sixties, on commente les affiches de ciné, avant de savourer une pizza tout juste sortie du beau four rustique.

Joséphine - Caves Parisiennes

25, rue Moret, 11e • M° Couronnes
Tél. 01 48 07 16 70

Du lundi au mercredi de 18h à 2h et du jeudi au samedi de 18h à 5h

Verre de vin à partir de 4,50 € • Cocktail à partir de 10 € • Tapas à partir de 6 €

cafejosephine.fr

OSEZ JOSÉPHINE • Joséphine voyait son célibat comme une cage. Jusqu'au jour où elle a ouvert la porte pour descendre à la cave... Quelle merveilleuse inspiration pour un premier rendez-vous que ce "wine, cocktail & whisky bar" accueillant et rassurant ! Enveloppés dans une ambiance rétro et trendy où l'élégance classique se mâtine de touches exotiques, les amateurs de bonnes bouteilles et de bonne chère se régalent en bavardant tranquillement. La sélection de vins se fait aussi pointue que celle des whiskys pour amorcer l'osmose, qui se poursuit grâce aux assiettes de tapas préparées avec le brio d'un chef échappé d'un palace. L'heure avance, mais pas l'envie de se séparer : la soirée se prolonge dans le décor ténébreux de la seconde salle, au son des platines. Parce que plus rien ne s'oppose à la nuit...

La Popina

88, rue Saint-Maur, 11e • M° Parmentier • Tél. 01 48 07 33 05

Du lundi au vendredi de 17h à 2h, samedi de 18h à 2h

Verre de vin à partir de 4 € • Cocktail à partir de 7 €
Assiette de mezze à partir de 7,50 €

lapopina.paris

PARISIAN RIVIERA • Rue Oberkampf, les endroits calmes et spacieux ne sont pas légion. Pour respirer un peu, on prendra donc la tangente dans une rue adjacente. Dans cette *popina* ("taverne" en grec) aux airs d'atelier d'artiste, la lumière filtre à travers les grandes verrières pour se refléter sur les murs bleus cérusés. Le sol en tomettes et les oliviers sentent le Sud, les assiettes de mezze et les verres d'ouzo chantent la Méditerranée. Cette adresse soignée invite les duos à se tourner autour, se taquiner au grand bar qui enlace l'espace, se rapprocher sur les tables hautes individuelles ou se serrer dans les fauteuils entourant la cheminée au foyer garni de bougies. Les plus tactiques ou timides pourront même entamer une partie d'échecs pour percer à jour les talents stratégiques de leur "adversaire" !

CloudM

CitizenM Paris • 8, rue Van-Gogh, 12ᵉ • M° Gare-de-Lyon
Tél. 01 86 65 07 40

Tous les jours de 12h à 2h

Cocktail à partir de 11 € • Verre de vin à partir de 4,50 € • Assiette à partir de 14 €

citizenm.com

DANS LES NUAGES • Quand on n'a pas la grâce, il faut de la ressource. Et les tours fades qui culminent autour de la gare de Lyon, ennuyeuses comme la pluie certes, mais offrant de beaux points de vue sur la capitale n'en manquent pas. Pour vous en convaincre, grimpez au 16ᵉ étage de l'hôtel CitizenM Paris. Pendant que l'ascenseur vous propulsera vers les cieux, de fausses bulles de savon tournoient dans les airs autour de vous, une photo géante d'estivants en costume de bain vous nargue. Arrivé dans une sorte d'appartement pop art, trustez la meilleure place, la table pour deux sur la gauche et admirez le spectacle d'une vue plongeante sur Notre-Dame et le Panthéon... Plan B si le rendez-vous s'avère ennuyeux : redescendez et allez faire un tour au Social Bar (25, rue Villiot • Tél. 01 49 29 03 37 • social-bar.org) tout proche, conçu pour... socialiser avec des inconnus ! Un(e) de perdu(e), dix de retrouvé(e)s...

C.O.Q. Hotel

15, rue Édouard-Manet, 13e • M° Place-d'Italie
Tél. 01 45 86 35 99

Du lundi au vendredi de 14h à 23h, samedi et dimanche de 17h à 23h

Œuf C.O.Q., mouillettes et verre de vin 8 €

coqhotelparis.com

BELLE POULETTE • Un hôtel 4 étoiles à deux pas de la Butte-aux-Cailles cacherait-il la poule aux œufs d'or ? Le rez-de-chaussée de cet établissement s'organise comme un confortable trois-pièces : la cuisine pour des repas complices ; le salon aux canapés invitant à déguster des "coquetels" face aux flammes électriques de la cheminée ; *last but not least*, la verrière champêtre, pleine de souvenirs de voyage emplis de nostalgie et d'évasion. Les œufs sont à l'honneur mais pas n'importe lesquels : ils viennent tout droit du poulailler de l'hôtel niché dans la cour ! L'incontournable est le combo œuf C.O.Q./mouillettes/verre de vin, à apprécier comme à la maison devant un film ou l'un des jeux de société, deux bonnes options pour connaître le vrai caractère de l'objet de ses fantasmes. Une adresse idéale pour un rendez-vous prometteur : les initiales "C.O.Q.", prononcées séparément, sont en effet plutôt de bon augure...

Les Rouquins

146, rue du Château, 14e • M° Pernety
Tél. 01 45 39 78 99

Du mardi au dimanche de 12h à 1h

Verre de vin à partir de 5 € • Assiette à partir de 13 €

Facebook : Les Rouquins

ROUQUINS COQUINS • Ce bar à manger attenant au caviste languedocien Les Crus du Soleil est une adresse de premier choix pour un apéro convivial dans le village Pernety, juste derrière Montparnasse. Il n'a que des atouts : sa belle et calme terrasse chauffée dotée de banquettes crème où se blottir sous un plaid pour deux ; un intérieur chaleureux et plein de vie, mettant en valeur une impressionnante collection de vins du Languedoc et de pousse-café adaptés à l'humeur de chacun ; des produits bruts de qualité faits pour être partagés, comme cette charcuterie ibérique d'une rare finesse ou les couteaux juste saisis à l'huile d'olive. Cerise sur le picpoul-de-pinet, la musique un peu kitsch et bien entraînante en fond sonore. Quoi de mieux que de boire du pic-saint-loup en écoutant *Destinée* de Guy Marchand ?

Rosebud

11 bis, rue Delambre, 14e • M° Vavin ou Edgar-Quinet
Tél. 01 43 35 38 54

Tous les jours de 18h à 2h

Cocktail à partir de 14 € • Planche 10 € • Plat à partir de 14 €

DÉLICIEUSEMENT SURANNÉ • Un accueil faussement patibulaire par un éphèbe élégantissime dans sa veste blanche, une salle intimiste aux accents surannés d'Orient-Express, des cocktails *old school*... Dans ce repaire littéraire resté dans son jus depuis l'entre-deux-guerres, on devise galamment autour d'un bloody mary, comme Sartre et Beauvoir en leur temps. Dominique, pilier de l'établissement depuis 1979, est intarissable sur les intrigues romantiques qui naquirent entre ces murs, notamment les amours tortueuses et passionnées de Duras, qu'il appelle affectueusement Marguerite. Une adresse parfaite pour se chuchoter des mots doux... Et si vous voulez savoir ce que signifie Rosebud, sachez que la réponse fera rougir les prudes. Alors, ne posez pas la question trop fort...

Le Général Beuret

9, place du Général-Beuret, 15e • M° Volontaires ou Vaugirard
Tél. 01 42 50 28 62

Tous les jours de 8h à 2h

Tous les soirs de 18h à 20h, pinte de Grolsch et portion de frites 5 €

Facebook : Le General Beuret

COSMOS 75015 • Il est là, discret, tapi dans l'ombre, comme une oasis funky dans un coin commerçant peinard et familial. Le Général Beuret, vaste bar de quartier planté à l'angle d'une jolie place, est doté de super pouvoirs, comme en témoigne le zinc circulaire surmonté d'une auréole de néons bleus et rouges aux allures de soucoupe volante attaquée par des lasers et la déco très Marvel Comics. L'adresse tout indiquée pour faire tomber sous le charme n'importe quel(le) grand(e) enfant. Bonne ambiance, déco régressive, musique rock, petits prix, soirée cocktails le mardi et vaste terrasse au calme : un très bon plan apéro !

Auteuil Brasserie

78, rue d'Auteuil, 16e • M° Porte-d'Auteuil
Tél : 01 40 71 11 90

Tous les jours de 9h à 2h

Bière à partir de 5 € • Cocktail 12 € • Grignotage 10 €

auteuil-brasserie.com

SEIZIÈME ART • Si le 16e a de plus en plus la cote, ce coin-là de l'arrondissement reste encore assez éteint, surtout le soir. Mais ça bouge désormais dans l'ancienne gare d'Auteuil, relookée en une belle adresse néo-ritale très mode. La terrasse, très agréable, est posée sur une grande place, la salle du resto, garnie de fauteuils en rotin et de plantes vertes, vous téléporte illico en Toscane, tandis que le grand bar carré central favorise les cancans et autres bavardages. Sur le toit, une pergola noyée de verdure, des treillages enrubannés de guirlandes lumineuses et de lampions et des rosiers qui embaument, tout comme les antipasti au basilic : le village d'Auteuil a trouvé son *paradiso* !

Cravan

17, rue Jean-de-La-Fontaine, 16e • M° Jasmin ou Mirabeau
Tél. 01 40 50 14 30

Tous les jours de 9h à 23h

Café 2,50 € • Cocktail 12 € • Croque-madame 13 €

Facebook : Cravan

WILD WILD WEST • "Auteuil, Neuilly, Passy", c'est fini ! Logé en bas d'un immeuble Guimard, chef de file de l'Art nouveau, le Cravan est la parfaite illustration du réveil de l'Ouest parisien. Sa déco de 1911 a été remise au goût du jour en s'inspirant de la personnalité singulière d'Arthur Cravan, un poète-boxeur qui était le neveu d'Oscar Wilde. Dans ce lieu ouvert du matin au soir, on prend aussi bien son café (torréfié à Paname) en terrasse, sous les platanes, que des *drinks* primés face aux marbres roses de la salle. Boiseries, papier peint fleuri, fresques, faïences, miroirs mouchetés et zinc authentique donnent le *la*. Le reste de la partition décline l'esprit *so* parisien de ce bistrot d'auteur avec des plats de comptoir sourcés et des cocktails plébiscités par les experts. Comme quoi c'est bien dans les vieux pots qu'on fait les meilleures soupes !

L'Arrière-Cour

9, rue Biot, 17e • M° Place-de-Clichy
Tél. 01 71 75 97 77

Du mardi au samedi de 19h à 23h45

Verre de vin à partir de 6 € • Cocktail à partir de 10 €

Facebook : L'Arrière cour

MIRACULEUSE • À l'abri des regards, derrière une grande porte cochère (qui avec un peu de chance, ou de talent, pourrait bien resservir à la sortie), ce bar-resto en fond de cour dispose de tous les attributs pour faire sa déclaration en bonne et due forme. Comme un prélude, on conte fleurette dans le grand patio pavé entourant une fontaine bucolique. Dans la salle-véranda ressemblant à une maison de vacances avec sa belle lumière et ses commodes campagnardes, on se délecte de bouchées gastronomiques. On peut aussi choisir de s'accouder autour du beau comptoir en angle, idéal pour badiner tout en commentant la flamboyante préparation d'un cocktail fumé au thym par le virtuose du shaker aux manettes. Pas besoin de cierge pour faire des miracles, juste de votre flamme !

Le Bistrot des Cinéastes

Cinéma des Cinéastes • Salle 4, 1er étage, 7, avenue de Clichy, 17e
M° Place-de-Clichy • Tél. 01 53 42 40 34

Tous les jours de 18h à 1h

Cocktail à partir de 9 € • Verre de vin à partir de 4,50 € • Tapas à partir de 8 €

cinema-des-cineastes.fr

AU REVOIR LÀ-HAUT • Au premier étage d'un cinéma d'art et d'essai de la place de Clichy, en haut d'un escalier un peu destroy, c'est au sein du bien caché Bistrot des Cinéastes que se déroule la dernière séance. Au générique de ce bar flambant neuf, un long comptoir, des tables hautes pour deux et un canapé, entourés d'une fresque murale signée Tofdru mettant en scène l'univers fantaisiste du 7e art et de plantes suspendues qui donneraient presque envie de se mettre au macramé. Si les cocktails portent des noms aussi évocateurs que "The artist" ou "Call my agent", ce sont les vins qui tiennent ici le rôle-titre, avec une carte de connaisseurs pleine de cuvées d'exception dont une "J'ai rendez-vous avec vous" qui n'aura jamais aussi bien porté son nom…

La REcyclerie

83, boulevard Ornano, 18ᵉ • M° Porte-de-Clignancourt
Tél. 01 42 57 58 49

Du lundi au jeudi de 12h à minuit, vendredi et samedi de 12h à 2h,
dimanche de 11h à 22h

Ti punch 6 € • Bière 3,50 € • Planche à partir de 11 €

larecyclerie.com

DUO BIO BOBO • Quand plusieurs associations solidaires réinventent la convivialité et la solidarité, ça donne La REcyclerie, ancienne gare de la petite ceinture réhabilitée, dont l'énergie communicative réussit l'exploit d'attirer les foules porte de Clignancourt (même les jours où les Puces n'ouvrent pas). Normal, il s'y passe toujours quelque chose ! Choisissez une heure creuse en semaine pour vous y retrouver autour d'un café (éthique) dans les fauteuils défoncés de la bibliothèque (collaborative), ou autour d'un verre de vin (bio), lancez le débat sur l'avenir de la planète, la permaculture ou l'Institut des futurs souhaitables. Et concluez au milieu de la broussaille et des gallinacées, sur les voies de chemin de fer transformées en jardin partagé, par un baiser plus que solidaire...

Le Bar à Bulles

4 bis, cité Véron, 18e • M° Blanche
Tél. 09 73 23 79 72

Mercredi de 18h à minuit, jeudi de 18h à 1h, vendredi de 18h à 2h, samedi de 12h à 2h, dimanche de 12h à 19h

Cocktail à partir de 9 € • Planche 13 € • Tapas à partir de 3 €

lamachinedumoulinrouge.com

PAR UNE VOIE DÉTOURNÉE • On se retrouve au Bar à Bulles pour passer un bon moment au milieu mais pourtant à mille lieues de l'agitation de Pigalle. L'entrée se fait par une issue de secours dans le tout petit passage Véron, sur le flanc du Moulin-Rouge. Après une volée de marches apparaît comme par enchantement une immense terrasse luxuriante aux allures de jardin botanique, très loin des kebabs et des néons du boulevard. Dans la vaste salle bigarrée, avec son florilège de lampes en tissu et dentelles et de chapeaux melon et hauts-de-forme, posés sur les grands canapés en velours rouge, on boit des cocktails dans des pots de confiture, avant d'immortaliser ce moment de partage en se serrant bien fort pour rentrer dans la cabine du Photomaton.

Sunset

100, rue Ordener, 18e • M° Jules-Joffrin
Tél. 01 71 28 99 33

Tous les jours de 9h à 2h

Verre de vin à partir de 3,50 € • Cocktail à partir de 8 € • Planche à partir de 10 €

sunset-paris.com

SUNSET BOULEVARD • Le Sunset est le QG que tout le monde rêve d'avoir en bas de chez soi : un lieu stylé sans être trop branché, ouvert 17 heures sur 24 et offrant tout au long du jour et de la soirée sourires et prix doux. Aux beaux jours, sur la terrasse baignée de soleil, le café torréfié à Paris accompagne dès le *sunrise* le granola et les brioches maison. Plus tard, la salle s'anime, bières artisanales et vin bio coulent à flots autour du grand comptoir à la surface de marbre provenant des marches d'un château, tandis que banquettes “wagon” se prêtent aux œillades. Après quelques petites assiettes délicieuses mais audacieuses à partager, les rapprochements se prolongent dans la grande salle douillette du fond. Et c'est entre ses murs bleu nuit qui semblent martelés par des pattes félines que la soirée s'étire en douceur...

Grand Marché Stalingrad

6-8, place de la Bataille-de-Stalingrad, 19e • M° Stalingrad
Tél. 01 80 48 33 40

Le Refuge : du mercredi au samedi de 18h à 2h

Verre de vin à partir de 3,50 € • Cocktail à partir de 7 €

grandmarchestalingrad.com

GRAND BAZAR • Comme toutes les vraies stars, la Rotonde de Ledoux, qui abrite le Grand Marché Stalingrad, présente deux profils : le moins glamour, côté Stalingrad, le meilleur, côté canal de l'Ourcq. Cet ancien poste d'octroi, qui faisait partie du mur des Fermiers généraux au XVIIIe siècle (en bref, on y collectait des impôts) est longtemps resté inoccupé. Mais ça, c'était avant MK2, avant la *hype*. Aujourd'hui dotée d'une immense terrasse végétalisée, cette curiosité architecturale offre différents espaces où l'on peut boire un café, dîner et se la couler douce en regardant les petits bateaux ou les passants. Pour un premier tête-à-tête, rendez-vous dans la serre chauffée ou au Refuge, le bar logé sous la coupole. L'été, au tiki bar, on plante sa paille dans le même ananas rempli d'un “Maï Taï”, sous la tonnelle illuminée ou serrés dans un télésiège. Le tout, à l'ombre de la rotonde projetant des lumières bleutées sur le canal…

Le Pavillon des Canaux

39, quai de la Loire, 19e • M° Laumière
Tél. 01 73 71 82 90

Du lundi au mercredi de 10h à minuit, du jeudi au samedi de 10h à 1h, dimanche de 10h à 22h

Verre de vin à partir de 3,50 € • Cocktail à partir de 5 € • Tapas à partir de 3 €

pavillondescanaux.com

VIENS CHEZ MOI, J'HABITE CHEZ UNE COPINE • Le Pavillon des Canaux, c'est la maison idéale, le lieu parfait pour ceux qui veulent plaire à une fan de *lifestyle* née après 1985. D'abord, parce que c'est l'ancienne demeure de l'éclusier du canal Saint-Martin et que l'insolite, ça plaît toujours. Ensuite, parce qu'à l'intérieur, c'est comme une vraie maison, intime et vintage avec ses escaliers "pimpés" de papier peint dépareillé, son petit salon convivial et sa mini-salle de bains, impeccable pour un rapprochement furtif. À l'intérieur, affalés sur un lit à baldaquin ou plus sagement assis en terrasse (avec vue sur le canal), on goûtera une glace vegan tout en disputant une partie de Mölkky (prêté gracieusement). L'avant-goût d'une future recherche d'appartement, si tout roule comme il faut...

Pavillon Puebla

Parc des Buttes-Chaumont • 39, avenue Simon-Bolivar, 19e
M° Buttes-Chaumont • Tél. 01 42 39 34 20

Du mercredi au vendredi de 18h à 2h, samedi et dimanche 12h à 2h
DJ sets les jeudi, vendredi et samedi

Cocktail à partir de 10 € • Bière 6 € • Pizza 12 €

leperchoir.tv/location/le-pavillon-puebla

RENDEZ-VOUS AU VERT • Noyé dans la verdure des Buttes-Chaumont, ce pavillon napoléonien recouvert de lierre dévoile au fil des saisons ses multiples visages, du haut de son escalier panoramique en pierre. Aux beaux jours, sous les lampions de l'un des deux grands jardins, on y trinque au rosé, les doigts de pied en éventail sur un tronc d'arbre. Par grand froid, on se réchauffe dans les bars et restaurants abrités dans cette grande demeure qui prend alors des airs de yourte mongole tout en boiseries, tentures ethniques et peaux de bête. Si la rencontre répond à vos attentes, proposez une balade digestive à votre conquête et rendez-vous sur la butte située entre l'avenue Puebla et l'avenue des Marnes pour une pause dans l'herbe face à une vue inédite sur le Sacré-Cœur...

Mon Cœur Belleville

1/3, rue des Envierges, 20e • M° Pyrénées
Tél. 01 43 66 38 54

Du lundi au vendredi de 8h à 2h, samedi et dimanche de 10h à 2h
Concerts de jazz, folk, rock ou latino en fin d'après-midi
Brunch et concerts de jazz ou de pop le dimanche

Verre de vin à partir de 4,20 € • Tapas à partir de 4,50 €

moncoeurbelleville.com

PARIS À VOS PIEDS • Dans un coin délaissé du 20e, surgit par surprise au bout de la pente escarpée de la rue des Pyrénées un spot aussi inattendu qu'une oasis dans le désert : Mon Cœur Belleville et son incroyable terrasse. Posé sur les pavés surplombant le parc de Belleville, ce chouette bar de quartier offre une vue des plus dégagées et hypnotiques qui soit sur Paris. C'est ainsi, que de l'heure du café-pain au chocolat jusqu'à celle de l'happy hour-coucher de soleil en passant par la pause goûter-jeux de société, chaque moment de la journée s'apprécie ici intensément, au calme, devant un panorama sublime. Le plus magique étant peut-être celui où l'on trinque, tard dans la nuit, avec un concert et les scintillements de la ville en toile de fond.

Skyline

Mélia Paris La Défense • 3, boulevard de Neuilly, 92400 Courbevoie
M° Pont-de-Neuilly • Tél. 01 75 57 99 00

Tous les jours de 17h à 1h • Réservation conseillée
DJ hip hop le mercredi, électro le jeudi

Cocktail à partir de 15 € • Verre de vin à partir de 10 € • Tapas à partir de 15 €

melia.com/fr

EN APESANTEUR • Vous avez croisé son regard dans l'open space, effleuré ses doigts en lui passant le sel à la cantine et lui avez même parlé de la météo dans l'ascenseur. Mais on n'a qu'une vie : il est temps de lui proposer de prendre un verre. En s'installant sur le parvis, le Mélia a pensé à vous peut-être, qui travaillez à La Défense et manquez de temps libre mais pas d'audace. Au 19e étage de cet hôtel 4 étoiles, c'est ambiance *afterwork lounge* tous les soirs, avec vue plongeante sur les tours, la Seine, le Tout-Paris et le mont Valérien. Les nuits sont électrisées par des DJ sets et, au plafond, un zigzag lumineux fait écho au ruban rouge et blanc des files de voitures qui se déroule jusqu'à l'Arc de Triomphe. Autre petit plaisir : regarder ses collègues travailler jusqu'à point d'heure dans la tour d'en face alors que vous sirotez un cocktail en bonne compagnie...

MOB Hotel Paris

4-6, rue Gambetta, 93400 Saint-Ouen • M° Garibaldi
Tél. 01 47 00 70 70

Tous les jours de 14h30 à 1h, fermeture de la terrasse à 23h

Verre de vin 6 € • Pizza à partir de 15 €

mobhotel.com

TAGADA SAINT-OUEN • Suggérer de faire connaissance de bon matin en chinant aux Puces de Saint-Ouen “parce que c’est le nouveau Tribeca”. Proposer d’aller manger un morceau dans un endroit cool pour montrer qu’on est plein(e) de ressources, même dans le 9-3. Se rendre au MOB Hotel, ce lieu qu’il est de bon ton de qualifier de “hot spot périphérique”, et se régaler d’une pizza dans un canapé. Faire remarquer qu’elle est bio et fêter cet acte de conscience autour d’une partie endiablée de baby-foot. Aller aux toilettes écouter une leçon de philo en stéréo et débriefer ce moment de poésie urbaine autour de la cheminée crépitante. Et être toujours là à 22 heures, affalé dans un transat, devant un bon vieux de Funès à la belle étoile. La recette parfaite d’un rencard hors les murs, non ?

2

Flirter au comptoir

Un premier rencard au comptoir, c'est le truc ultime pour qui a besoin d'un peu d'animation derrière le bar afin de mieux converser. Dans l'effervescence d'un lieu vivant, s'effleurer les mains en se trompant de cocktail, se frôler les genoux en décroisant les jambes, se susurrer des bons mots à l'oreille et plonger les yeux dans ses yeux : quand les zincs les plus glamours de la capitale jouent les entremetteurs et donnent l'audace de parvenir à ses fins...

Le Fou

37 bis, rue du Sentier, 2e • M° Grands-Boulevards ou Bonne-Nouvelle
Tél. 01 40 26 14 94

Du mardi au vendredi de 19h à 2h, le samedi de 20h à 2h

Verre de vin à partir de 6 € • Cocktail 11 € • Snack 9 €

lefou.paris

DOCTEUR JEKYLL ET M. HYDE • Côté pile, Le Fou : un élégant établissement de style anglo-saxon empruntant ses codes aux Années folles. Accoudé sur le long comptoir en cuir et laiton en forme de L, jouez les préludes avec un cocktail *old fashion* préparé par un garçon en tablier blanc et cravate. Accélérez le tempo : asseyez-vous au piano et entamez l'air de rien votre plus beau morceau. Maintenant que vous passez pour un(e) artiste, descendez au sous-sol révéler votre côté face, au Ouf : un salon feutré et tapissé où s'encanailler sur des banquettes de velours, laisser les cartes ou les dés déterminer le cocktail que vous boirez (le "Joker" vous attirera les faveurs du barman) ou, le week-end, perdre la tête avec un concert punk-rock qui électrisera votre prise du jour.

Istr

41, rue Notre-Dame-de-Nazareth, 3e • M° Temple ou République
Tél. 01 43 56 81 25

Du mardi au samedi de 12h à14h30 et de 18h à 2h

Verre de vin à partir de 6 € • Cocktail 13 € • 3 huîtres à partir de 6 €

Facebook : Istr Paris

LA PERLE RARE • Ce n'est pas le tout de trouver la perle, encore faut-il savoir la cultiver. Pour ça, peu de lieux peuvent rivaliser avec Istr, un bar à huîtres et cocktails qui a piqué aux New-Yorkais (les pros du *date*) leur recette infaillible. Prendre un long comptoir faisant face à un barbu agité du shaker. Ajouter une forte dose de détails déco à la mode. Incorporer deux shots aphrodisiaques vodka/épices/huître. Laisser mariner, additionner d'une “neuvaine de Riec-sur-Belon N° 5 on the rocks”. Arroser d'une grande rasade de blanc, faire tomber un peu de glace sur les genoux de l'autre, afin de tourner discrètement les siens dans sa direction. Le résultat obtenu devrait être satisfaisant. Si toutefois l'affaire devait tourner à l'aigre, une seule solution : se venger sur la carte des cocktails.

Le Mary Celeste

1, rue des Commines, 3e • M° Filles-du-Calvaire
Tél. 01 42 77 98 37

Tous les jours de 18h à 2h

Cocktail à partir de 12 € • Bouteille de vin à partir de 28 € • Assiette à partir de 7 €

Quixotic-projects.com/venue/mary-celeste

LE BATEAU IVRE • Le Mary Celeste, c'est le nom d'un mystérieux vaisseau fantôme américain dont on n'aurait jamais retrouvé d'autre trace que sa légendaire cargaison d'alcool, quasiment intacte, au large de l'archipel des Açores. Normal donc que ce bar éponyme ait la fière allure d'un navire. Dans une semi-obscurité et dans un décor mêlant le bois et la pierre, on s'installe autour du comptoir hexagonal qui fait tout le tour du bar, pour boire et déguster de bonnes petites assiettes de la mer et des tapas bien goûtues. Les flammes vacillantes des loupiottes flattent le teint, les tubes folk crachés sur des vinyles mettent à l'aise et le tout donne envie d'écluser les bouteilles Nuit d'ivresse de la réserve. Par temps clair, la terrasse s'ouvre et c'est sur un coin de rue animé du Haut-Marais que l'on passera la soirée, à chalouper, un cocktail à la main.

Little Red Door

60, rue Charlot, 3ᵉ • M° Temple
Tél. 01 42 71 19 32

Du dimanche au jeudi de 18h à 2h, vendredi et samedi de 18h à 3h

Cocktail à partir de 13 € • Assiette à partir de 7 €

lrdparis.com

CHAMPION DU MONDE • Rouge comme un baiser, la porte vermillon vif de cet élégant *speakeasy* de poche offre une entrée en matière pour le moins sexy. Et ne laisse passer qu'une poignée de chanceux, heureux de se retrouver dans ce lieu exclusif figurant en 11ᵉ position dans le classement 2017 des meilleurs bars du monde. Avec ses murs de pierre apparente et brique, ses fauteuils en velours bleu denim, son bar derrière lequel s'alignent les bouteilles multicolores et ses bartenders attentifs à la créativité sans limite, ce refuge classy apporte au Marais parisien l'ambiance des bars à cocktails les plus branchés du West Village new-yorkais. Parfait pour lier connaissance voire plus si affinités, entre gens de (bon) goût.

Sherry Butt

20, rue Beautreillis, 4e • M° Bastille, Saint-Paul ou Sully-Morland
Tél. 09 83 38 47 80

Du mardi au samedi de 18h à 2h, dimanche et lundi de 20h à 2h

Whisky à partir de 13 € • Tartine à partir de 13 €

Facebook : Sherry Butt Paris

CAFÉ SOCIETY • *Vous allez rencontrer un bel et sombre inconnu*, ou plutôt, vous l'avez déjà ferré ? Allez donc faire un tour dans ce bar qui plairait à coup sûr à Woody Allen. Une rue du Marais flanquée de vieux réverbères pour le côté *Midnight in Paris* ; un intérieur aussi sombre que votre inconnu(e), égayé par les notes joyeuses du saxo d'un Sidney Bechet ou par une mélodie d'un Cole Porter ; en guest star, une impressionnante collection de whiskys millésimés, à savourer sur un canapé capitonné. En bref, une ambiance digne de celle du club de jazz de *Manhattan* qui transformera tout rencard en scène de comédie intello-romantique, à terminer de préférence par un *Hollywood Ending* avec un pas de deux façon *Tout le monde dit I love you*, sur les quais de Seine tout proches.

Castor Club

14, rue Hautefeuille, 5e • M° Odéon
Tél. 09 50 64 99 38

Mardi et mercredi de 19h à 2h, du jeudi au samedi de 19h à 4h
Arriver tôt et éviter les week-ends

Cocktail 14 €

Facebook : pg/Castor Club

MA CABANE AU CANADA • Il y a une vie sur la rive gauche ! Et c'est en plein cœur des ruelles tortueuses du Quartier latin, entre la rue des Écoles et la place Saint-Michel, que se planque un bar à cocktails tout en bois au style Davy Crockett glam', vraiment unique. Au comptoir, sous le regard vitreux d'un castor empaillé, les incroyables potions à base de liqueur de sapin et autres remontants montagnards s'entrechoquent au rythme d'une bande-son diaboliquement country. Et si les choses prennent tournure, les alcôves taillées dans les voûtes du sous-sol offriront toute l'intimité nécessaire pour des rapprochements plus revigorants encore.

Etna

33, rue Mazarine, 6e • M° Odéon
Tél. 01 46 34 84 52

Du mardi au samedi de 17h à 2h

Verre de vin 8 € • Assiette à partir de 5 €

bar-etna.fr

EN FUSION • Qu'il est sexy le comptoir de l'Etna ! Trônant au milieu d'une petite salle aux murs de pierre, cet îlot central boisé en forme de coque de bateau est coiffé de centaines de verres en cristal éclairés par des ampoules à filament. Pour les liquides, que des vins naturels, mais pas de carte : vous glisserez donc en toute subtilité au sommelier vos envies pour la soirée (de la “douceur” ou du “corps”). Côté solides, d'exceptionnels produits de bons faiseurs accompagnent la dégustation. Si l'on ajoute à ça du bon son et une ambiance détendue, il y a des chances que vous finissiez la soirée un peu éméchés au bout de la rue, sur le Pont-Neuf, pour y accrocher en catimini un cadenas à votre effigie. Le meilleur spot de Saint-Germain pour un rapprochement aussi ardent que le volcan du même nom.

Chez Nous

10, rue Dauphine, 6ᵉ • M° Pont-Neuf ou Odéon
Tél. 01 43 26 42 69

Tous les jours de 18h à minuit

Verre de vin à partir de 6 € • Assiettes à partir de 5,50 €

cheznousparis.com

BIENVENUE CHEZ MOI • "Chez Nous, c'est avant tout chez vous", et ça tombe bien, parce que tout le monde n'a pas la chance d'avoir un appart' en pierres et poutres apparentes situé juste à côté du plus vieux pont de Paris pour emmener son *date*. Chez Nous, tout se joue autour de la table d'hôtes en bois qui trône au milieu d'une pièce tout en longueur. Un emplacement stratégique si l'on en croit le nombre de rencards qui défilent sur ses sièges hauts et partagent en guise de prémices la passion des proprios, à savoir "de la bonne bouffe et du bon vin". Car ici, c'est aussi le paradis des épicuriens : la crème des produits bio issus de petits producteurs français, italiens et espagnols, parfaitement assaisonnés ; des vins nature et biodynamiques choisis sur mesure en fonction des envies de chaque client, qui pourra tous les tester avant de trouver celui qui lui plaît le plus. "Si tu veux m'essayer..."

Bâton Rouge

62, rue Notre-Dame-de-Lorette, 9e • M° Saint-Georges
Tél. 06 52 90 36 42

Du mardi au samedi de 18h à 2h

Cocktail 13 €

MOITEUR NOCTURNE • Malgré sa façade en arabesques de fer forgé, c'est un endroit qui ressemble plus à la Louisiane qu'à un restaurant marocain. Planté à Pigalle telle une mangrove dans son marais, Bâton Rouge envoûte comme un rituel vaudou pour un rencard aussi torride que le bayou en plein mois d'août. Ribs façon cajun à s'en lécher les doigts, carte des cocktails illustrée comme un tarot des légendes, attrape-rêves et drapeaux américains, on s'y croirait. Assis au comptoir illuminant une solide collection de bourbons et de rye whiskeys (à base de seigle), on joue aux locaux en boulottant des arachides et en jetant les coques à même le sol. La seconde pièce, agrémentée de poupées et poulets sacrifiés pendus au plafond, donne envie de paresser des heures dans cette ambiance tropicale et troublante.

Lulu White

12, rue Frochot, 9e • M° Blanche ou Saint-Georges
Tél. 09 83 58 93 32

Lundi, mercredi, jeudi et dimanche de 19h à 2h, vendredi et samedi de 19h à 2h

Cocktail à partir de 6 € • *Pickeled eggs* 4 €

BELLE DE NUIT • Derrière sa façade noire et un sas éclairé par de glauquissimes néons vert fluo, voici la reproduction de l'antre Belle Époque de Lulu White. Cette mère maquerelle de la Nouvelle-Orléans était célèbre pour son fameux "livre bleu", dans lequel elle croquait avec une feinte naïveté le portrait de chacune de ses petites protégées. Chacune de ces créatures voluptueuses prête ici ses traits aux cocktails de la carte, que l'on déguste au son des concerts de brass bands rendant hommage à un certain Louis Armstrong qui logeait naguère chez Lulu. Vestige du Pigalle d'hier revisité façon plafond miroir et ampoules filament, ce lieu surprend et décoiffe. Trônant au centre, le somptueux bar aux allures de manège enchanté exhibe une armada de potions à l'absinthe, la "fée verte" qui rend fou. Fou d'amour ?

Bonhomie

22, rue d'Enghien, 10ᵉ • M° Bonne-Nouvelle
Tél. 09 83 88 82 51

Du dimanche au mercredi de 10h à 1h et du jeudi au samedi de 10h à 2h

Cocktail à partir de 7 € • Assiette 13 €

bonhomie.paris

COMME UN ROMAN • Près des Grands Boulevards trop agités, c'est en faisant trois pas vers le nord que le bonhomme trouvera la sérénité. Et chez Bonhomie, c'est d'une tranquillité toute méditerranéenne que l'on jouira. Douceur et senteurs raffinées sauront ici enchanter les couples à peine nés. La vaste baie vitrée propice à accueillir le soleil toute la journée ouvre sur une grande salle branchée au design épuré. Pour assurer la chaleur de l'idylle, l'atmosphère déroule ses touches lilas et mimosa, ocres et boisées. L'immense comptoir central sera quant à lui le lieu idéal pour commencer à tchatcher, un cocktail dans une main, une assiette bien tournée dans l'autre. Plus belle la vie !

CopperBay

5, rue Bouchardon, 10e • M° Strasbourg-Saint-Denis
Pas de téléphone

Du mardi au samedi de 18h à 2h

Cocktail à partir de 10 €

copperbay.fr

À L'ABORDAGE • Pour concrétiser le rendez-vous de ce soir, embarquez sur le CopperBay ! Amarré dans une petite rue calme du 10e, ce bar allie le charme raffiné d'un yacht-club et la convivialité d'un carré arrière de voilier. Du bois, du cuivre, du turquoise et des cordages en guise de déco océane, c'est autour du bar que l'on va se jucher pour réussir sa manœuvre de séduction. Les cocktails originaux et pointus sont imaginés par l'élite des matelots de la mixo (primés au palmarès des meilleurs bartenders), révélant des notes exotiques aussi inattendues que le curry, l'eau de riz au jasmin, l'avocat ou le tabac. De quoi vous permettre de tirer un bord avec le vent en poupe !

Gravity Bar

44, rue des Vinaigriers, 10e • M° Gare-de-l'Est ou Jacques-Bonsergent
Tél. 06 98 54 92 49

Du mardi au samedi de 18h à 2h • Arriver tôt (avant 20h) ou réserver

Cocktail 12 € • Assiette à partir de 11 €

Facebook : Gravity Bar

SENS DESSUS DESSOUS • Parmi la profusion d'adresses aux alentours du canal Saint-Martin, le Gravity Bar attire les regards des passants avec ses spectaculaires et très surprenantes lattes de bois blond ondulantes, pareilles à une vague enveloppant murs et plafond. Le comptoir rétro éclairé en béton ciré façon skate park chic occupe la quasi-totalité du lieu dans une esthétique *free ride* stylée en hommage aux sports de glisse. La carte est dans le ton, structurant les thèmes de la "Désorientation", de l'"Apesanteur", des "Sueurs froides" ou de l'"Exaltation", grâce à des cocktails forts en sensations et à des petites assiettes de haute voltige réalisées dans la cuisine ouverte. Frissons garantis.

Coup d'Œil

80, rue Sedaine, 11e • M° Voltaire
Tél. 01 43 57 59 68

Du mardi au vendredi de 12h à 15h et de 18h à 2h, dimanche de 18h à 2h

Verre de vin à partir de 6 €

coupdoeil.paris

AU PREMIER REGARD • Dans ce bar à vin adulé des connaisseurs, une infinie table haute en chêne massif part de la cuisine ouverte et se déroule en une vague sur toute la longueur de la salle, comme un miroir aux courbes boisées du plafond. Prenant d'abord la forme d'une table d'hôtes animée, elle s'amincit en s'appuyant sur les murs de brique, avant d'onduler au centre en une succession de pleins et de déliés. Un régal pour les yeux, mais pas que : David a une passion contagieuse pour les vins naturels et le nec plus ultra des produits issus de la mer et de la ferme. Un seul mot de votre part et il vous fera goûter autant de nectars qu'il en faut pour s'accorder avec ses mets d'exception. Un zeste d'électro funk et une œillade coquine plus tard, vos yeux se feront revolver.

Monsieur Antoine

17, avenue Parmentier, 11e • M° Voltaire ou Parmentier
Tél. 09 54 45 79 19

Du mardi au samedi de 18h à 2h

Verre de vin 6 € • Cocktail 12 € • *Finger food* 8 €

monsieurantoine.fr

DANDY COOL • Monsieur Antoine, c'est le dandy des *Tontons flingueurs*, incarné avec élégance par Claude Rich, dont Lino Ventura disait qu'il commençait à les lui briser menu. Mais ici, pas besoin de dégainer l'artillerie lourde pour dézinguer à tout va et rafler la mise, il suffit de la jouer relax. Bar et présentoir de bouteilles d'alcools rétroéclairé dans le dos, le chef barman prépare ses accords, souvent rafraîchis de jus de fruits pressés, au rythme des quatre saisons. De la musique un peu forte mais pas trop pour inciter aux rapprochements, des murs terre de Sienne parsemés d'appliques ajourées qui font danser leurs reflets sur le plafond noir brillant : autant d'ingrédients réunis pour conduire à l'osmose parfaite.

Le Calbar

82, rue de Charenton, 12e • M° Ledru-Rollin
Tél. 01 84 06 18 90

Du lundi au samedi de 17h à 2h

Cocktail à partir de 10 € • Planche à partir de 15 € • Club sandwich 11 €

lecalbarcocktail.com

DU MONDE AU CALEÇON • Dans un quartier qui ne brille pas pour son animation, cette adresse retient l'attention. Havre de fun et de raffinement à la cool, Le Calbar n'a rien d'un bar à malabars, mais tout du parfait lieu à rencards. Comme son nom l'indique, c'est en caleçons qu'officient les bartenders, bien cachés derrière le comptoir – pas de concurrence déloyale donc. Mais dans ce léger accoutrement, rien de lubrique, que du ludique : c'est le moyen qu'ont trouvé les hôtes pour que leurs convives se sentent comme chez eux. Le comptoir convivial et la petite salle à la déco aussi hip que le nœud-papillon des serveurs sont éclairés par une ribambelle d'ampoules, tandis que les noms rigolos des cocktails invitent à prendre le frais lors d'une “Balade en forêt” ou à se réchauffer avec des “Pommes au four”. Détendu du string, Le Calbar.

Les Grands Verres

Palais de Tokyo • 13, avenue du Président-Wilson, 16e • M° Iéna ou Alma-Marceau
Tél. 01 85 53 03 61

Tous les jours de 12h à 2h • Réservation conseillée

Cocktail 12 € • Verre de vin à partir de 5,50 € • Tapas à partir de 9 €

palaisdetokyo.com

TOCADE HÉRAUT • C'est au sein du palais de Tokyo que Les Grands Verres prennent leurs quartiers, à deux pas de l'esplanade du Trocadéro plongeant sur la tour Eiffel. Occupant une immense surface au rez-de-chaussée, tout en hauteur sous plafond et en profondeur d'espace, Les Grands Verres séduiront tout(e) intello féru(e) de culture et d'art contemporain. Inutile de prendre de grands airs, le décor est dépouillé, à l'état de chantier dont les finitions auraient été abandonnées. Seule coquetterie scintillante face au béton brut, un ciel étoilé d'obus inoffensifs qui habille la salle et surplombe un interminable comptoir, long comme un jour sans vin. Avec sa carte mettant à l'honneur vignerons et culture responsables, les échanges roulent bon train (et jusque tard dans la nuit) sur l'expo que l'on vient de se faire et la prochaine à prévoir ensemble...

La Commune

80, boulevard de Belleville, 20e • M° Couronnes
Tél. 01 42 55 57 61

Du lundi au jeudi et dimanche de 18h à 1h30, samedi de 18h à 2h

Punch 12 €, tapas à partir de 3 €

syndicatcocktailclub.com

KINGSTON KARMA • Sur une affaire retorse ? Aux grands maux les grands remèdes, dégainons le philtre d'amour. Ici, il est déguisé en punch et servi dans des calices cuivrés. Derrière le comptoir industriel, un druide version *hype* jette divers épices, fruits, plantes et herbes aromatiques dans des formules à base d'alcools 100 % français. Assis au bar en marbre, on partage une généreuse coupe pour deux aux arômes exotiques, à l'aide d'une petite louche. La fausse candeur d'un “Barattage de la mer de lait” au lait (bien sûr)-thé vert-girofle-cannelle-coriandre-rhum-absinthe-whisky est parfaite pour débuter. Puis on monte d'un cran sur la terrasse jungle aux rythmes ragga dancehall, en matant son métisse avec un punch du même nom au poivre de Jamaïque. *Calor.*

Le Grand Bain

14, rue Dénoyez, 20e • M° Belleville • Tél. 09 83 02 72 02

Du lundi au dimanche de 19h à 23h30

Verre de vin environ 8 € • Cocktail à partir de 10 € • Assiettes à partir de 6 €

legrandbainparis.com

PÉDILOVE • Dans la charmante rue Dénoyez, *le* spot du street art parisien, le comptoir idéal s'affiche derrière la baie vitrée du Grand Bain. Un ouvrage massif en bois et métal formant un U occupe la moitié de la salle, pour une vision panoramique des lieux – qui peut sauver bien des conversations. En effet, le spectacle de la brigade tatouée s'activant en cuisine sur du hard rock se suffit à lui-même ! Au centre du bouclard défilent cocktails glamour, vins nature soigneusement sélectionnés et petites assiettes magnifiquement troussées, mettant en vedette des produits qui changent tous les jours au gré des saisons et de l'inspiration. Un de ces rares bars-restos qui réussit à faire rimer décontraction et excellence, où l'on peut trinquer, parler fort, tester toutes les bouteilles avant de se décider et se régaler d'associations insolites. Faites-y le grand saut en toute confiance !

Mama Shelter

109, rue de Bagnolet, 20e • M° Porte-de-Bagnolet • Tél. 01 43 48 48 48

Bar • Tous les jours de 12h à 1h30

Rooftop • Du lundi au vendredi de 11h à 23h30,
samedi de 12h à 23h, dimanche de 17h à 23h30 • Réservation conseillée

Verre de vin 7 € • Cocktail 10 € • Mezze à partir de 5 €

mamashelter.com/fr/paris

SEX AND THE CITY • Le lieu ultime pour flirter éhontément : le glamourissime et immense carré lumineux trônant au centre du lobby de l'hôtel Mama Shelter. Un spot qui a le don de faire pousser les ailes et de laisser sa timidité au vestiaire, pour commander un “Sex on the beach” et à rejouer les Carrie Bradshaw et Mister Big pendant leur *first date*. Pour prolonger le délectable moment de complicité qui s'ensuivra forcément, ce refuge urbain a plus d'un tour dans son baise-en-ville garni des produits très *hot* exposés dans son hall. Après une pizza genoux contre genoux sous la table d'hôtes et un verre main dans la main sur la terrasse donnant sur d'anciennes voies de chemin de fer, on passe la fin de soirée les yeux dans les yeux et dans les étoiles, allongés sur l'un des lits posés sur le rooftop illuminé.

3

French Kiss

Baisers cachés, volés ou passionnés, où roucouler tranquille pour franchir le pas ? C'est le lieu qui vous y aidera : romantique pour s'élancer, intime pour s'étreindre, devant la cheminée pour s'enflammer. S'embraser pour un oui, s'embrasser pour de bon, si le lieu y invite, impossible de dire non !

Balagan Paris

Hôtel Renaissance Paris-Vendôme • 9, rue d'Alger, 1er • M° Tuileries
Tél. 01 40 20 72 14

Tous les jours de 18h à 2h

Cocktail à partir de 13 € • Grignotage à partir de 5 €

balagan-paris.com

PAGAILLE CANAILLE • En toile de fond, les Tuileries. Comme cadre, un restaurant très mode qui affole le gratin parisien. Pour le nom, un clin d'œil festif signifiant "joyeux bordel" en yiddish. Le bar est à la hauteur de ces délicieuses prémices : derrière la salle animée, voici un bijou de boudoir aux couleurs de l'amour, imaginé par des *kings* des cocktails. À l'instar du restaurant, la carte, d'inspiration "levantine" (comprendre : du Proche-Orient), travaille des produits comme le persil, la betterave ou le cumin, en plus d'une centaine de créations à la demande. Comptoir féerique entouré d'ampoules tel un miroir de star hollywoodienne, poufs en fourrure ou banquettes soyeuses, la pièce a beau être riquiqui, elle a de quoi plaire aux amoureux. À fréquenter uniquement si vous n'avez pas peur de la compétition des *beautiful people* accros à ces lieux !

L'Écluse Saint-Honoré

34, place du Marché-Saint-Honoré, 1er • M° Tuileries
Tél. 01 42 96 10 18

Du lundi au samedi de 12h à minuit

Verre de vin à partir de 5 € • Assiette à partir de 7 €

TRÈS HONORÉ • Totalement coupée de la rue, hyper centrale et entièrement dédiée aux plaisirs de la bonne chère, la place du Marché-Saint-Honoré est un l'un des lieux préférés des Parisiens pour un verre en terrasse. Mais lorsque les premiers frimas pointent leur nez, c'est de chaleur, d'intimité et de raffinement que l'on a besoin. L'Écluse devient alors sans conteste la meilleure pioche de la place, avec son décor chaleureux façon salon de notable de province. Un verre de bordeaux, spécialité de la maison, qui glisse sur des mets bien de chez nous comme les fritons de canard, et l'on prend ses aises sur les confortables sièges de bar au dossier en cuir "vert Assemblée nationale". Un digestif dans les recoins de boiseries sombres et l'on fait des plans sur la comète en contemplant les tableaux exposés sur les murs.

Le Ballroom du Beefclub

58, rue Jean-Jacques-Rousseau, 1er • M° Les-Halles
Tél. 09 54 37 13 65

Du dimanche au jeudi de 19h à 2h, vendredi et samedi de 19h à 4h

Cocktail 14 €

eccbeefclub.com

LE VENTRE DE PARIS • Le sourire niais de votre *target* risque de retomber comme un soufflé quand elle comprendra que la rencontre n'aura pas lieu dans l'un des deux sublimes restos situés au n° 58, mais pile entre les deux. Derrière une porte noire semblant mener aux arrière-cuisines. Elle hésitera à descendre l'escalier obscur, raide et encombré de tuyaux. Mais en voyant les quelques bougies semées sur le parcours, elle se dira qu'elle a sous-estimé le Petit Poucet qui sommeille en vous. Elle poussera des cris de joie en découvrant, dans le tréfonds des Halles, un salon capitonné, rougeoyant comme un rubis underground avec moulures et chandeliers. En sirotant un cocktail "shaké" par la crème des mixologues, elle pensera qu'il n'y a que vous pour lui offrir cet aller-retour dans une boîte de jazz de Manhattan. Alors enfin, elle admettra que oui, vous êtes vraiment quelqu'un de formidable.

Experimental Cocktail Club

37, rue Saint-Sauveur, 2e • M° Sentier
Tél. 01 45 08 88 09

Du dimanche au jeudi de 19h à 2h, vendredi et samedi de 19h à 4h

Cocktail à partir de 13 €

experimentalcocktailclub.fr

LES EXPERTS • Sur la façade banale, une plaque dorée annonçant un prometteur “Experimental cocktail club”. Derrière de lourds rideaux de velours, un petit écrin super bien mis, avec briques, poutres et pierres apparentes. S'invitant dans la quasi-pénombre, divans de velours noir, piano et canapés Chesterfield révèlent le lieu rêvé pour partager un moment précieux autour d'un cocktail qui l'est tout autant. Ici, les mixologues sont de vrais puristes : du genre à penser qu'un mojito est une injure à la profession et un cocktail à la vodka une hérésie. Alors testez l'une des créations exclusives de la carte ou faites part de vos envies à l'homme en gilet derrière son grand comptoir en bois ; il entamera le ballet des shakers, faisant valser alcools rares, fruits frais, épices et ingrédients secrets pour vous concocter sur mesure un cocktail inédit. Bienvenue au Club.

Hôtel des Grands Boulevards

17, boulevard Poissonnière, 2e • M° Grands-Boulevards
Tél. 01 85 73 33 33

The Shell : tous les jours de 19h à 2h environ
The Shed : terrasse (chauffée) ouverte d'avril à septembre (et selon la météo), de 18h à 23h

Cocktail à partir de 10 € • Verre de vin 10 €

grandsboulevardshotel.com

SCÈNE DE BOULEVARD • En retrait du très vivant boulevard Poissonnière, une petite allée mène au Saint Graal, l'Hôtel des Grands Boulevards. Cette luxueuse auberge logée dans un bel hôtel particulier abrite trois nids douillets offrant aux Parisiens avertis autant de refuges pour chaque saison de l'année. D'abord, une immense verrière où l'on écoute tomber la pluie assis au grand comptoir central. Ensuite, un minuscule boudoir paré de velours, pour réchauffer les longues nuits d'hiver en sirotant des cocktails. Enfin, bien caché au dernier étage, un balcon à ciel ouvert, offrant une vue sur les toits depuis des canapés taillés pour faire bronzette parmi les citronniers et les fleurs grimpantes. Et, comble du raffinement, le dosage d'alcool dans les cocktails peut être *virgin*, modéré ou classique !

Night Flight

Hôtel Bachaumont • 18, rue Bachaumont, 2e
M° Bourse, Sentier ou Étienne-Marcel • Tél. 01 81 66 47 55

Tous les jours de 18h à 2h

Cocktail à partir de 13 €

hotelbachaumont.com

VOL DE NUIT • Peu de chances de commettre un impair en donnant rendez-vous dans un bar d'hôtel de renom dans le quartier non moins renommé de Montorgueil. Derrière les grandes baies vitrées ouvertes aux beaux jours, une terrasse et un boudoir habillé dans les tons bleu nuit et vieux rose, des tables glossy et des poufs molletonnés pour des rendez-vous tranquilles. Côté bar, où les serveurs chouchoutent leurs clients, l'énergie se fait joyeuse. Pour elle ? Ce sera un cocktail "Vol de nuit", vodka infusée aux fleurs d'hibiscus, fraise et rhubarbe. Pour lui ? Un "CEE" : citron, coriandre et vodka aux épices qui expédie à Vladivostok sans passer par Bruxelles. Bons baisers de Russie !

Bisou

15, boulevard du Temple, 3e • M° Oberkampf ou Filles-du Calvaire
Tél. 01 40 27 82 85

Tous les jours de 18h à 2h

Cocktail 12 €

Facebook : Bisou.

DANS LE COU • Bisou est une adresse au charme diabolique, un endroit tendresse qui appelle les promesses avec sa façade rose, sa terrasse luxuriante garnie de rondins de bois et son ambiance pétillante, pop et conviviale irrésistible. Et son mystère, aussi : car ici, point de carte. Les cocktails sont préparés exclusivement selon vos envies et votre humeur : un couple en devenir y trouvera une occasion en or de se découvrir en révélant toutes ses préférences pour passer la commande. Des créations personnalisées à déguster face au bar en marbre et sous les lampes en forme de téton. Même les toilettes, toutes *pink*, sont attirantes. Si avec tout ça le message n'est pas clair... Alors, on bise ?

Hôtel Jules & Jim

11, rue des Gravilliers, 3e • M° Arts-et-Métiers
Tél. 01 44 54 13 13

Tous les jours de 17h à 23h

Cocktail à partir de 12 € • Verre de vin 7 € • Assiette à partir de 16 €

hoteljulesetjim.com

NOUVELLE VAGUE • Pour trouver le bar, invisible depuis la rue, de cet hôtel design, il vous faudra traverser la réception, qui est aussi une galerie photo. Là se découvre une ravissante cour pavée aux murs végétalisés, au centre de laquelle crépite une cheminée de plein air encadrée par des bûches, qui lui donnent des allures de tableau hivernal. En cas de temps un peu frisquet, une verrière permettra de se replier, à moins de se poser au chaud dans la salle pour surveiller le chef barman en train de réaliser un “Ma canaille” (cognac, fine, Suze, fève tonka). C’est un film culte de François Truffaut qui a donné son nom à cet endroit : on ne pourrait donc choisir meilleur endroit pour un baiser volé...

La Candelaria

52, rue de Saintonge, 3e • M° Filles-du-Calvaire
Tél. 01 42 74 41 28

Tous les jours de 18h à 2h

Cocktail à partir de 8 € • Bière 7 € • Chips et salsa 6 €

quixotic-projects.com/venue/candelaria

LA CARIOCA • Derrière la porte d'un fast-food mexicain installé dans l'une des rues les plus en vue du Haut-Marais, se cache le premier des *speakeasy* parisiens. Éclairée aux chandelles, noyée dans la douceur de la fourrure et pimentée de tissus ethniques colorés, c'est la parfaite cachette cosy pour faire connaissance autour d'une carte des cocktails inspirée des légendes sud-américaines. Êtes-vous plutôt attiré(e) par les profils de type "Pécari brésilien" (amusant, robuste et trompeur comme le gros cochon du même nom) ou "Unijambiste colombienne" (éclatante, osée et tenace) ? Autant vous dévoiler tout de suite ! Les cocktails, régulièrement distingués dans les classements internationaux, sont aussi folkloriques et insolites que les lieux. Et qui osera le beurre noisette ou les petits pois dans sa potion montrera qu'il n'a pas froid aux yeux !

Le 1905

Vins des Pyrénées (1er étage du restaurant) • 25, rue Beautreillis, 4e
M° Saint-Paul ou Bastille • Tél. 01 42 72 64 94

Du mardi au samedi de 18h à 2h

Cocktail 13 € • Bière 5 € • Rillettes de maquereau et toasts 7 €

vinsdespyrenees.com

PARIS EST UNE FÊTE • Institution du Marais depuis 1905, le resto Vins des Pyrénées, fréquenté entre autres par Jim Morrison dans les années 1960, a su se réinventer. Et c'est Sacha Guitry clamant que "le meilleur moment dans l'amour, c'est quand on monte l'escalier", qui a trouvé les termes pour décrire son relooking de 2017. Car en haut de l'escalier dérobé, un super plan love a remplacé le bureau du patron. Un bar classe et cool, offrant au centre un grand comptoir, à gauche un salon donnant sur une rue XVIIe et à droite une chambre où fumer tranquille devant une cheminée. Ultime surprise, la mini terrasse blottie entre deux immeubles du Marais. Pour finir en beauté, passage obligé devant le miroir magique de la salle de bains conçu pour les selfies zéro défaut !

Compagnie des Vins Surnaturels

7, rue Lobineau, 6e • M° Mabillon ou Odéon
Tél. 09 54 90 20 20

Tous les jours de 18h à 2h

Verre de vin à partir de 7 € • Tapas à partir de 14 €

compagniedesvinssurnaturels.com

NEC PLUS ULTRA • Un cadre tamisé et classieux parsemé de fauteuils stylés et de petits coins douillets, un beau et grand bar, un salon sous une jolie verrière et des centaines de bouteilles de vin du monde entier : voilà le lieu parfait pour jouer les connaisseurs et séduire un(e) œnophile. Ici, pas de place pour la médiocrité, on ne sert que le meilleur dans le verre et dans l'assiette, avec les très bons conseils de serveurs ravis de partager leur passion. Plus de 300 références de rouges, rosés, blancs et pétillants sont servies au verre ou en bouteille, à des prix allant du très raisonnable au tout à fait exceptionnel, et accompagnés de zakouski de première classe (dont un tarama à la truffe qui produit son petit effet à tous les coups). Pour un rendez-vous et plus si affinités.

Le Bar

27, rue de Condé, 6ᵉ • M° Odéon • Tél. 01 43 29 06 61

Du mardi au samedi de 21h à 4h

Attention : horaires variables en fonction de l'humeur du patron

Whisky 7 € • Cocktail 9 €

LES SECRETS DE LA RÉPUBLIQUE • Donner rendez-vous dans un bar juste devant le Sénat, ça fait chic. Mais celui-ci, totalement insoupçonnable derrière sa façade dénudée et opaque, a un parfum sulfureux et étrange. Pas celui de ceux qui ont fait du concept de *speakeasy* leur argument de vente. Non, celui de ces vrais bars secrets se refusant à toute forme de communication afin de privilégier une ambiance entre-soi. On est dans une sorte de garçonnière plongée dans la pénombre quasi-totale, agrémentée de banquettes de velours noir et d'objets d'art asiatiques. En deux mots, un lieu mystérieux qui ressemble furieusement à un lupanar, ce qui est assez curieux pour le quartier. Les sénateurs venus en voisins s'y détendent autour d'un whisky après une séance, tandis que les amoureux s'y lovent en toute intimité jusqu'au milieu de la nuit.

Fitzgerald

54, boulevard de La Tour-Maubourg, 7e • M° La-Tour-Maubourg
Tél. 01 45 50 38 63

Du lundi au samedi de 12h à 15h et de 18h à 2h

Cocktail à partir de 12 € • *Finger food* à partir de 6 €

fitzgerald.paris/cocktails

LE MAGNIFIQUE • Un établissement qui s'appelle Fitzgerald a intérêt à être fidèle à la promesse nostalgico-pétillante délivrée par son nom. Derrière la porte capitonnée d'un restaurant chic du côté d'Invalides, un repaire suranné sert de décor aux *dates* des quadras du quartier. Sous un plafond à caissons façon bibliothèque à l'ancienne et parmi les flamants roses qui tapissent les murs fifties, on picore de la *finger food* raffinée tout en sirotant des cocktails que seuls les Gatsby en herbe sauront déchiffrer (comme le "Spiced negroni" : gin Tanqueray au poivre blanc, Campari à la fève tonka, vermouth Punt e Mes, Cynar et solution saline). Une bonne adresse pour roucouler sur fond de B.O. jazzy dans un quartier assez pauvre en adresses cool.

Gocce

7, rue Choron, 9e • M° Saint-Georges, Cadet ou Notre-Dame-de-Lorette
Tél. 01 45 26 52 15

Du lundi au samedi de 18h30 à 2h

Cocktail à partir de 13 €

LE PAYS DES MERVEILLES • Vous sentez poindre une passion digne d'un conte de fées ? Offrez à votre histoire le cadre qu'elle mérite et emmenez votre Alice au pays des merveilles (celle de Disney, pas de Francky Vincent !). En guise de labyrinthe, un resto italien à traverser. Pour terrier, une antichambre obscure où des tableaux retournés recouvrent les murs, des piles de grimoires jouent les guéridons, des bougies dégoulinantes de cire éclairent fébrilement une cheminée et des malles font office de table basse. Dans ce pays étrange situé quelque part entre l'Italie et l'Angleterre coloniale, la carte des cocktails s'écrit sur un parchemin un peu passé. Et derrière son comptoir truffé de livres anciens, le barman, tel une vigie attentive, vous ouvre le chemin, tout en ajoutant des fleurs à ses décoctions. Ne manque plus qu'un lapin blanc pressé pour vous saluer en passant.

Hôtel du Temps

11, rue de Montholon, 9e • M° Poissonnière
Tél. 01 47 70 37 16

Tous les jours de 18h à 2h

Cocktail à partir de 13 € • Verre de vin 7 € • Thé et soft 4 €

hotel-du-temps.fr

DE FIL EN AIGUILLE • Assez perdu de temps dans des lieux sans intérêt avec des personnes qui n'en ont guère plus : filez donc en bonne compagnie à l'Hôtel du Temps. Dans cet amour de boutique-hôtel très inspiré, le temps est suspendu. Les après-midi de confidences échangées sur les banquettes du salon de thé douillet autour d'un chocolat fumant s'étirent en douceur. C'est le bruit des shakers remplaçant celui de la machine à expresso qui signale tout à coup que la nuit est tombée. Alors on troque sa tasse contre un verre à pied pour continuer à prendre son temps derrière le comptoir de mosaïque coiffé de poétiques petits E.T. en terre cuite. Pour accélérer le tempo, l'escalier en colimaçon caché derrière la réception mène à un refuge secret souvent inoccupé pour un petit duo perso au piano, des coussins juste pour vous et une belle nuit comme promesse.

Hôtel Grand Amour

18, rue de la Fidélité, 10e • M° Gare-de-l'Est
Tél. 01 44 16 03 30

Tous les jours jusqu'à 2h

Cocktail à partir de 11 € • Verre de vin à partir de 5 € • Snack à partir de 8 €

hotelamourparis.fr

PÉCHÉ MIGNON • Avec un *latte* matinal ou pour un verre de chardonnay nocturne, les rencards s'enchaînent en service ininterrompu dans le bar de cet hôtel ultra fashion, avec son mobilier chiné et ses pièces arty. On ne vient pas ici pour se cacher derrière son petit doigt : le nom explicite des lieux n'est qu'un avant-goût des touches érotiques disséminées discrètement un peu partout, comme ces phallus ornant la moquette des chambres. Bonbonnière de choix pour une rencontre gourmande, la cour pavée de marbre semi-couverte ressemble à un gros sucre d'orge avec sa forme cylindrique, ses stores aux couleurs tendres et son éclairage rose bonbon. Fidélité ? vous avez dit Fidélité ?!

Hôtel Providence

90, rue René-Boulanger, 10e • M° Strasbourg-Saint-Denis ou République
Tél. 01 46 34 34 04

Tous les jours jusqu'à 1h

Cocktail 12 € • Verre de vin à partir de 5 € • *Finger food* à partir de 9 €

hotelprovidenceparis.com

SE FAIRE DES FILMS • Cet hôtel d'atmosphère planté sur une placide placette a tout du décor de film : réverbères et moulures XIXe *so Paris* sur une façade rénovée faisant un peu carton-pâte et même un escalier de secours style new-yorkais à la *West side story* pour compléter le tableau. En journée, les rencontres se font sur la grande terrasse pavée abritée du tumulte, ou accoudées au beau comptoir. En soirée, elles s'alanguissent dans le coin cheminée ou dans les fauteuils Chesterfield du salon aux murs fleuris. Plus tard, elles se concrétiseront peut-être en chambre, où le bureau a été remplacé par un bar à cocktails présentant le kit complet pour reproduire les recettes servies au bar. Une ambiance de carte postale qui atteint des sommets dans La Suite, un appartement mansardé avec vue sur le Sacré-Cœur...

Lavomatic

30, rue René-Boulanger, 10ᵉ • M° République • Pas de téléphone

Mardi et mercredi de 18h à 1h, du jeudi au samedi de 18h à 2h
Arriver tôt (18h pour avoir une balançoire, jusqu'à 19h30 pour le comptoir)

Cocktail à partir de 9 € • Verre de vin à partir de 5,50 €

lavomatic.paris

L'AMOUR À LA MACHINE • Appuyer sur le bouton on/off de la machine à laver et ouvrir le tambour qui sert de porte : voici comment accéder à ce bar à l'ambiance diamétralement opposée à celle d'une laverie cafardeuse un dimanche soir. Après avoir monté un escalier en colimaçon, on pénètre dans un petit studio parisien tout en bois blanc immaculé, coussins aux couleurs pimpantes et agrémenté de... balançoires. Et quoi de mieux que de s'envoler d'avant en arrière pour frôler une jambe "par inadvertance" ? Passons au menu : des cocktails aux noms qui sentent le frais comme le "Detoxomatic", de bons petits plats tels ce jambon fermier ou ce croustillant de gambas, des fromages, ici tout provient d'ingrédients sourcés, raisonnés et na-tu-rels. Décidément, ce lieu coche toutes les cases du gendre idéal. Et si, d'aventure, l'émotion vous faisait tomber de votre balançoire, peut-être même qu'un(e) prince(sse) charmant(e) sera là pour vous rattraper...

Moonshiner

5, rue Sedaine, 11e • M° Bréguet-Sabin
Tél. 09 50 73 12 99

Tous les jours de 18h à 2h

Cocktail à partir de 9 € • Bière à partir de 6 €

Facebook : Moonshiner

MAFIA BLUES • "On se retrouve où ce soir ? Surprends-moi ! Ok, alors rendez-vous rue Sedaine". Un bar à Bastille, pour l'originalité on repassera. Une fois la surprise passée (vous êtes devant une pizzeria), traversez le resto, poussez la lourde porte en inox et là, surprise : une chambre froide – pas le genre de frisson espéré. Mais poursuivez et derrière une ultime porte, vous voilà arrivé dans un bar clandé. Boiseries acajou, pénombre égayée de lampes Tiffany, whisky et autres breuvages à gogo, grand fumoir respirable, recréent le décor dans lequel Al Capone et ses hommes de main fêtaient leurs vils coups pendables. De quoi avoir le cran de dire sus aux interdits.

Le Bistrot des Dames

Hôtel Eldorado • 18, rue des Dames, 17e • M° Place-de-Clichy
Tél. 01 45 22 13 42

Tous les jours de 12h à 2h (l'hiver, pause en semaine entre 14h30 et 19h)

Bière et verre de vin à partir de 4 €
Assiette de fromages ou charcuterie à partir de 16 €

eldoradohotel.fr

L'ELDORADO • Au cœur du chouette quartier des Batignolles, l'hôtel Eldorado est une maison de famille simple et chaleureuse qui donne des envies de matins à la campagne, d'édredons en plume et de bols de chicorée fumante. Pour ne pas brûler les étapes, on commencera par boire un verre au Bistrot des Dames. Au chaud dans la véranda façon salon d'hiver, avec sa douce lumière et son sol de pierre recouvert de kilims. Ou au frais dans le jardin débordant de plantes et de grands arbres entourant une bâtisse cossue aux volets verts, qui, le soir venu, joue la carte de la séduction en allumant ses réverbères à l'ancienne. On y boit de très bons vins de producteurs, parfaits plus tard dans la soirée pour accompagner les savoureux plats maison et de saison de la carte. Et l'été, les fleurs et les lampions de cet éden urbain rajouteront à l'ambiance un air de fête du meilleur augure !

Uc-61

4, rue de l'Arc-de-Triomphe, 17e • M° Charles-de-Gaulle-Étoile • Tél. 01 40 68 70 60

Du mardi au dimanche de 22h à 4h

Cocktail à partir de 12 €

uc-61.com

VINGT MILLE LIEUES SOUS LES MERS • Dans un quartier cossu aussi calme qu'une mer d'huile, un vaisseau pirate surgit quand tombe la nuit. Caché derrière une porte recouverte de tôle, il se dévoile à qui est aux aguets et ose appuyer sur la sonnette. Apparaît alors un décor de sous-marin de la guerre de 1914-1918, qui aurait échoué à deux pas du tombeau du soldat inconnu. Dans un espace exigu et sombre, les cocktails de première classe se font salés, prenant parfois comme base des jus de légumes ou du gin infusé à la sardine. La salle des machines et le fumoir planqués dans la cale donnent l'impression d'être coupés du monde, mais le décor vintage n'a heureusement rien de martial. Pour gagner du galon, on peut devenir capitaine du navire en achetant l'une des bouteilles d'exception, mise à votre disposition pendant un an, avec les clés des lieux. Attention à ne pas faire trop chauffer la carte bleue pour éviter le naufrage !

Le Rosie

3, rue Muller, 18e • M° Château-Rouge
Tél. 01 75 85 01 25

Du mardi au samedi de 17h30 à 2h, vendredi dès 15h
Arriver tôt (avant le DJ) pour plus de calme

Verre de vin 4 € • Demi 4 € • Cocktail 8 €

Facebook : Le Rosie Bar Muller

LA VIE EN ROSE • Entre les quartiers cosmopolites de Château-Rouge et de la Goutte-d'Or et l'esprit bohème de Montmartre, Le Rosie est une sorte de grand appartement conçu par une bande de fêtards pour une ambiance coloc'. Pari gagné : on se sent effectivement chez soi et l'on est à tu et à toi dans cette salle chaleureuse à la déco rétro. Bois clair façon scandinave, lampes fifties, mobilier en formica, tableaux colorés et détails chinés reflètent l'esprit décontracté, simple et accueillant de la Butte. L'atmosphère y est vraiment bon enfant. Choix de boissons resserré, carte de grignotage sans chichis, à partager à la lueur des bougies côté salon, calés dans les fauteuils aux coussins bigarrés face à des tables basses jonchées de bouquins. Après Rosa Bonheur, voici Rosie Plaisir !

Milord Lepic

69, rue Lepic, 18e • M° Blanche ou Lamarck-Caulaincourt
Tél. 01 80 50 76 47

Du lundi au samedi de 18h à 1h, dimanche de 16h à minuit

Verre de vin à partir de 7 € • Tapas à partir de 9 €

Facebook : Milord Paris

JOLIE MÔME • "Allez venez, Milord / Vous asseoir à ma table / Il fait si froid dehors / Ici, c'est confortable". L'invitation gouailleuse d'Édith Piaf résonne forcément lorsque l'on passe devant ce Milord, blotti dans la courbe de la rue Lepic enlaçant la butte Montmartre. Et c'est vrai qu'il fait bon vivre dans ce bar à vin coquet. Recouvrant le mur du fond, les bouteilles soigneusement choisies par la patronne échappée de ses caves bourguignonnes jouent les vedettes. Les pierres apparentes apportent leurs arômes de pierre à fusil, les canapés de velours la rondeur et le moelleux, tandis que la puissance se trouve du côté de l'élégant comptoir bleu roi luminescent. Avec le poste réglé sur une fréquence de jazz désuet, l'ambiance poétique de ce lieu à l'image de son village bohème promet une soirée à déguster comme un grand cru.

4

Bouquet final

La romance ne demande plus qu'à être attisée. Le moment est venu de faire des étincelles pour mettre le feu aux poudres. Vues panoramiques, adresses grand chic et décors grandioses pour affirmer son style, un parfum d'inattendu pour assurer l'idylle. La Ville lumière vous chuchote le nom de ses trésors cachés les plus spectaculaires, dessinant la toile de fond parfaite pour qu'explose le feu d'artifice !

Bambou

23, rue des Jeûneurs, 2e • M° Bourse, Sentier ou Grands-Boulevards
Tél. 01 40 28 98 30

Du mardi au samedi de 17h à 2h

Cocktail à partir de 11 €

bambouparis.fr

IN THE MOOD FOR LOVE • Ce lieu incroyable est comme un millefeuille raffiné et subtil, révélant des saveurs inédites à chaque couche de crème savourée. Les multitudes de volières ornant l'entrée d'un resto thaï fashion aiguisent l'appétit, l'escalier de pierre s'ouvrant de la bouche d'un dragon invite ensuite à s'encanailler dans les bas-fonds et enfin, la porte en bois percée d'une mystérieuse meurtrière découvre des méandres de petits salons feutrés où crépitent des cheminées. Là, les confessions alanguies au creux des méridiennes et les volutes bleutées troublant l'obscurité donnent au moment le goût d'interdit des fumeries d'opium du *Lotus bleu*. La sortie sur la cour transformée en jardin exotique prolonge le dépaysement. Et lorsqu'enfin on pousse l'énorme porte cochère, les esprits forcément vagabondent…

The Hoxton

30, rue du Sentier, 2e • M° Bonne-Nouvelle ou Grands-Boulevards
Tél. 01 85 65 75 00

Tous les jours à partir de 7h, jusqu'à 23h en semaine et 1h30 le week-end

Cocktail à partir de 9 € • Verre de vin 8 € • Planche 12 €

thehoxton.com/paris/hotels

SAPÉ COMME JAMAIS • La première adresse française de la très *swag* enseigne hôtelière The Hoxton, installée au sein d'un hôtel particulier du XVIIIe jadis résidence d'un conseiller de Louis XV, prend ses aises au cœur du gentrifié "Silicon Sentier". Dans ce lieu hors norme, les amateurs de grands espaces trouveront ici le lieu idéal pour "chiller". L'immense lobby au plafond infiniment haut accueille un coffee shop, un comptoir et un bar-resto, le tout sur fond d'électro lounge. Trouée magistrale au beau milieu du bâtiment, la cour pavée flanquée de parasols et de vérandas produira immanquablement son effet, même chez les Parisien(ne)s les plus blasé(e)s. Et bien caché au 2e étage du bâtiment du fond, le Jacques' Bar, à découvrir pour ses cocktails vintage, joue les parfaits petits nids d'amour. *What else* ? Une chambre ?

Hôtel National des Arts et Métiers

243, rue Saint-Martin, 3e • M° Arts-et-Métiers
Tél. 01 80 97 22 80

Tous les jours jusqu'à 2h

Cocktail à partir de 15 € • Antipasti à partir de 14 €

hotelnational.paris

DIAMANTS SUR CANAPÉ • Ce grand hôtel aussi looké que sa clientèle recèle des trésors de sex-appeal, avec son immense lobby déroulant en clair-obscur salons enjôleurs et comptoirs affriolants sur fond de grande musique héroïque en Dolby Surround. Pour une première approche, on vous conseillera un rencard à l'intriguant Herbarium, un laboratoire de cocktails aux airs de parfumerie florentine, dans lequel le "docteur" Quagliarini arrose ses alliages d'une giclée de parfums comestibles. La discussion sent bon, les effluves étourdissent, il est temps de s'aérer en montant sept étages pour découvrir l'un des plus beaux rooftops de Paris, d'où brillent le Sacré-Cœur et la tour Eiffel. Un avion qui passe, des étoiles dans les yeux : luxe, calme et volupté...

Les Chouettes

32, rue de Picardie, 3ᵉ • M° Temple, République ou Filles-du-Calvaire
Tél. 01 44 61 73 21

Tous les jours de 12h à 1h

Cocktail à partir de 10 € • Verre de vin à partir de 7 € • Entrées à partir de 9 €

restaurant-les-chouettes-paris.fr

NYCTALOPE • Déambuler à la nuit tombée dans le quartier du Carreau du Temple et se perdre dans ses venelles donne déjà des envies de romance. Au cœur de ce dédale, Les Chouettes offrent un magistral nichoir de trois étages aux oiseaux de nuit amateurs d'Art déco. Abritée sous une verrière style Eiffel où écouter la pluie qui crépite, la spectaculaire structure métallique en coupole façon théâtre offre une vue panoramique sur le restaurant et les deux bars, tout en coursives et jeux de miroirs. Dans la bibliothèque ou au coin de la cheminée électrique à vapeur d'eau, les langues se délient grâce à une dégustation d'eaux-de-vie adoubées par les connaisseurs, tandis que les mains se glissent sous les flammes inoffensives. Une super adresse pour les longues soirées d'hiver, où l'on ne sera jamais gêné par les conversations de ses voisins (une rareté dans le Marais).

Café Laurent

Hôtel d'Aubusson • 33, rue Dauphine, 6e • M° Odéon ou Pont-Neuf
Tél. 01 43 29 03 33

Tous les jours de 7h à minuit
Concerts du mercredi au samedi à partir de 21h

Cocktail à partir de 14 € • Coupe de champagne à partir de 16 € • Foie gras 15 €

hoteldaubusson.com/fr/cafe-laurent

NE PAS FAIRE TAPISSERIE • Seuls les touristes connaissent le Café Laurent, un lieu au cachet fou planqué dans l'Hôtel d'Aubusson, magnifique demeure XVIIe dotée d'un salon-bar avec parquet Versailles, poutres apparentes, tapisseries d'Aubusson et cheminée monumentale offrant la plus belle flambée de Paris. Mais ce look ultra classique dissimule le passé sulfureux de l'ancien QG nocturne des intellectuels des fifties : le Tabou où Camus et Queneau découvraient le Coca-Cola et Boris Vian accompagnait à la trompette Juliette Gréco récitant des poèmes. C'est donc dans une atmosphère chargée d'histoire et de jazz que l'on se retrouvera pour boire une coupe de champagne aux fruits rouges. Été comme hiver, la cour pavée illuminée de bougies se prêtera merveilleusement à une sérénade à ciel ouvert. Un lieu vraiment rare et à part qui mérite une rencontre à la hauteur.

Le Bar

L'Hôtel • 13, rue des Beaux-Arts, 6e • M° Saint-Germain-des-Prés
Tél. 01 44 41 99 00

Tous les jours jusqu'à 1h
Piscine réservée aux clients de l'hôtel

Cocktail 17 € • Bière et verre de vin à partir de 9 €

l-hotel.com

COCKTAIL TRÈS WILDE • Planqué rue des Beaux-Arts, le plus petit hôtel 5 étoiles de Paris, est le repaire discret des *people* de Saint-Germain et de Navarre qui adorent venir se la jouer incognito dans son bar. Un boudoir rococo tout en profusion de drapés, colonnes de marbre et moquette léopard, où certains signent des contrats d'édition tandis que d'autres badinent en toute discrétion, lovés dans des alcôves aux divans de velours. Placer que "les folies sont les seules choses qu'on ne regrette jamais" en citant ce cher Oscar Wilde – qui y passa ses derniers jours – permettra peut-être de conclure plus vite que prévu. Et de revenir franchir le mystérieux rideau souterrain pour un mémorable bain de minuit en duo dans la piscine privée...

Le Pavillon de la Reine

SÉDUIRE AVEC DISTINCTION

Histoire, traditions, style et discrétion... Sélection d'adresses confidentielles très élégantes pour faire sa cour avec allure.

SECRET DE GENTLEMEN

Le Duke's Bar, Hôtel Westminster****
13, rue de la Paix, 2e • M° Opéra • leceladon.com
Les fauteuils en cuir vert, la grande cheminée gothique qui crépite et les boiseries donnant des airs de manoir à ce bar d'hôtel situé dans l'une des rues les plus prestigieuses de la capitale. Au programme, piano bar et cocktails *old fashion* dans une atmosphère feutrée et intimiste.

ROYAL AU BAR

Le Pavillon de la Reine*****
28, place des Vosges, 3e • M° Chemin-Vert • pavillon-de-la-reine.com
Tapie à l'ombre de la place des Vosges, cette noble demeure de pierre recouverte de lierre abrite une belle terrasse agrémentée de buis et un bar ultra cosy où siroter un thé sur une méridienne devant les flammes qui crépitent dans l'âtre.

CASSETTE SECRÈTE

Hôtel de l'Abbaye****
10, rue Cassette, 6e • M° Saint-Sulpice
hotelabbayeparis.com
Derrière sa lourde porte cochère, ce boutique-hôtel situé à quelques

Le Duke's Bar

mètres de la fourmillante rue de Rennes cache bien son jeu : une véranda, un salon-cheminée pour réchauffer les hivers et un petit patio où coule une fontaine. L'été, on y entend même les oiseaux chanter...

BELLES LETTRES

Hôtel Montalembert***

3, rue Montalembert, 7e • M° Saint-Germain-des-Prés • hotelmontalembert-paris.fr/restaurant-bar

Au cœur de Saint-Germain-des-Prés, cet hôtel aux penchants littéraires abrite un salon à la fois design et traditionnel agrémenté d'une majestueuse cheminée en marbre. On apprécie le calme de sa terrasse ensoleillée.

RELAIS & CHÂTEAUX

Apicius

20, rue d'Artois, 8e • M° Saint-Philippe-du-Roule • restaurant-apicius.com

Bien protégé des regards par de hautes grilles, cet hôtel particulier XVIIIe abritant un restaurant Relais & Châteaux possède un bar à cocktails tout en hauteur sous plafond, dorures, colonnes et lustres brillant de mille feux. Aux beaux jours, l'immense perron donnant sur une cour verdoyante permet de profiter de ce coin de campagne du 8e.

Et aussi : **Café Laurent** (voir page 108) & **le bar de l'Hôtel Saint-James Paris** (voir page 117).

Flow Paris

4, port des Invalides, 7e • M° Invalides
Tél. 01 44 05 39 50

Lundi de 12h à minuit, mardi et mercredi de 12h à 23h, jeudi de 12h à 4h, vendredi et samedi de 12h à 6h, dimanche de 12h à 6h

Cocktail à partir de 10 € • Verre de vin à partir de 5 € • Tapas à partir de 12 €

flow-paris.com

PARIS EST MAGIQUE • Le toit-terrasse de cette barge design n'est pas vertigineux par sa hauteur mais jouit d'un emplacement d'exception, en contrebas du glorieux pont Alexandre-III. À la nuit tombée, lorsque le ciel prend ses couleurs pourpres, le bar perché sur le pont supérieur offre la vigie rêvée pour admirer les triptyques de réverbères s'illuminer au-dessus des flots et le soleil se refléter sur les dorures du dôme des Invalides et des étincelantes statues du pont. Blottis sur les canapés blancs de la jolie pergola chauffée, les couples partagent des sardinettes en portant un toast à leur amour au moment précis où la tour Eiffel revêt ses habits de lumière...

Maison Souquet

10, rue de Bruxelles, 9e • M° Blanche
Tél. 01 48 78 55 55

Ouvert tous les jours 24h/24

Cocktail à partir de 17 € • Assiette à partir de 12 €

maisonsouquet.com

CINQUANTE NUANCES DE POURPRE • Que cache ce noble immeuble en pierres de taille juste annoncé par deux réverbères rougeoyants ? La Maison Souquet, une ancienne maison close qui connut ses grandes heures en abritant, début XXe, les discrets plaisirs des notables ou les fredaines inventives des artistes avec les cocottes les plus raffinées de la capitale. Le bar de cette maison transformée en hôtel 5 étoiles a reproduit à l'identique le merveilleux décor mauresque de mosaïques, lampes à froufrous, draperies et colonnades sculptées qui donnera à toute rencontre des allures galantes. Sirotez un thé de Maître Tseng sur une banquette damassée en broderies de satin violet et imprégnez-vous de l'esprit de cette “maison des plaisirs” : raffinée, troublante et envoûtante.

Le China

50, rue de Charenton, 12e • M° Ledru-Rollin
Tél. 01 43 46 08 09

Du dimanche au jeudi de 12h à 2h, vendredi et samedi de 12h à 4h

Cocktail 12 €

lechina.eu

L'EMPIRE DES SENS • Pour une soirée riche en sous-entendus, rien de tel que l'atmosphère de ce bar très "Shanghaï années 1930". Entre ses murs écarlates, ce bar-resto-club recrée un spectaculaire décor colonial lounge, avec force meubles laqués, vases asiatiques, ombrelles et plantes exotiques se détachant sur un sol en damiers noir et blanc. Dans la troublante lueur rougeoyante, le long comptoir acajou invite à papillonner autour d'un cocktail suave aux notes de litchi. Les développements se joueront auprès de la cheminée, dans l'un des canapés Chesterfield de la bibliothèque. Et pour une conclusion en beauté, direction le sous-sol pour vibrer en duo devant un concert de jazz. Une adresse qui séduira à coup sûr ceux qui entendent écrire leur propre version de *L'Amant* de Marguerite Duras...

OFF Paris Seine

86, quai d'Austerlitz, 13e • M° Gare-d'Austerlitz
Tél. 01 44 06 62 66

Tous les jours de 18h à 2h

Cocktail 12 € • Soft à partir de 5 € • Tapas 9 €

offparisseine.com/fr/bar

LOVE BOAT • Peut-on rêver plus majestueux décor que celui de la Seine ? Embarquement immédiat sur cette péniche qui accueille un hôtel flottant, le premier à Paris, avec sa piscine et son bar ouvert à tous en soirée. C'est dans ce cadre enchanteur et favorable à la romance qu'a lieu la rencontre entre les Jack et Rose des temps modernes. La classe et l'originalité du cadre nourriront naturellement les conversations qui évolueront comme les couleurs du ciel selon les heures de la journée. L'ambiance, c'est un bar de plage lounge de Saint-Trop' et la pièce maîtresse du décor, la piscine avec ses canards géants et ballons multicolores sur le pont supérieur. Côté cour, la marina permet d'embarquer en beauté pour une croisière privée (sur réservation) idyllique à souhait, pour créer la surprise. Pour tenir les premiers rôles, c'est à vous de jouer. Votre *Histoire d'O* ?

Ciel de Paris

Tour Maine Montparnasse • 33, avenue du Maine, 15e
M° Montparnasse-Bienvenüe • Tél. 01 40 64 77 64

Tous les jours de 8h à 1h

Coupe de champagne et cocktail à partir de 19 € • Assiette à partir de 14 €

cieldeparis.com

UN PEU PLUS PRÈS DES ÉTOILES • Tout en haut de la vénérable et pourtant toujours contestée tour Montparnasse, le Ciel de Paris offre l'une des vues les plus belles et spectaculaires sur la capitale qui soient, depuis son vertigineux 56e étage. De là, zoom panoramique sur les toits, les monuments, les parcs et jardins et autres merveilles parisiennes comme vous ne les aviez jamais vus auparavant. Et à plus de 200 mètres d'altitude, le bruit de la rue n'est plus qu'un lointain murmure. Cette rencontre au sommet mérite que la discussion prenne de la hauteur, alors amusez-vous à tenter de repérer le maximum de lieux connus depuis votre observatoire, pour vous dévoiler en vous racontant vos goûts et rituels parisiens. Avec Paris à vos pieds et deux coupettes à la main, sur ce perchoir auréolé de lumières dorées, vos regards brilleront en se laissant porter par l'ivresse des sommets.

Hôtel Saint-James Paris

43, avenue Bugeaud, 16e • M° Porte-Dauphine
Tél. 01 44 05 81 81

Tous les jours de 19h à 1h

Cocktail à partir de 15 € • Limonade 12 €

saint-james-paris.com

DIVINE IDYLLE • L'Hôtel Saint-James est une splendide demeure Napoléon III nichée dans un parc verdoyant entouré de hauts marronniers. Aristocratique en diable, son somptueux bar-bibliothèque classé, jadis lieu d'étude de la Fondation Thiers, est néanmoins ouvert à tous. Lové dans l'un de ses fauteuils club en cuir brun, avec un verre de vieux whisky et entouré de l'odeur réconfortante de quelque 12 000 ouvrages anciens, vous serez propulsé dans l'atmosphère d'un club de gentlemen anglais. Aux beaux jours, déambulez dans le jardin de 300 mètres carrés, avant de vous installer sous d'immenses tonnelles fantasques et bariolées rendant hommage à l'histoire du lieu, d'où s'envolaient jadis des montgolfières. Et laissez-vous charmer par le chant des oiseaux et l'esprit de l'être aimé(e)...

Le Très Particulier

Hôtel Particulier Montmartre • Pavillon D, 23, avenue Junot, 18e
M° Lamarck-Caulaincourt, Abbesses ou Blanche
Tél. 01 53 41 81 40

Tous les jours de 18h à 2h
DJ sets mercredi, samedi et dimanche

Whisky 15 € • Verre de vin à partir de 7 € • Tapas à partir de 6 €

hotel-particulier-montmartre.com

HAPPY FEW • Ni numéro ni panonceau : pour jouir d'un séjour dans ce paradis, il vous faudra repérer une grille dans l'avenue Junot et sonner à l'interphone "Hôtel Particulier", avant de vous engouffrer dans un chemin boisé s'échappant de la rue. Là, vous découvrirez avec enchantement un grand jardin "shabby chic" disséminant tables en fer forgé avec bougies et bordant une demeure bourgeoise. Et sous-sol de ce bâtiment XIXe ayant appartenu à la famille Hermès, un boudoir feutré, agrémenté de palmiers sous verrière et de lampes hibou. L'un des cadres le plus inattendus et romantiques de Paris pour siroter, le petit doigt levé, un cocktail servi dans une tasse à thé. Si avec ça vous ne devenez pas des partenaires particuliers !

Terrass" Restaurant

Terrass" Hôtel • 12-14, rue Joseph-de-Maistre, 18e
M° Place-de-Clichy, Blanche ou Abbesses • Tél. 01 46 06 72 85

Tous les jours de 15h30 à 1h

Cocktail 16 € • Verre de vin à partir de 7 € • Snack à partir de 15 €

terrass-hotel.com

SEPTIÈME CIEL • Serpenter dans Montmartre endormi à la tombée du jour. Trébucher sur les pavés, admirer les jolies maisons fleuries, le charme discret du village qui se découvre hors des rues trop fréquentées par les touristes. Et puis, découvrir le Terrass" Hôtel et son rooftop sans autre toit que le ciel, perché au 7e étage. Dans une ambiance casual chic, l'expert officiant derrière le bar propose cocktails classiques et créations mais c'est sans doute le champagne qui se prête le mieux au moment qui vous attend. Alanguis sur un canapé ou bercés par la balancelle, devant une vue à 180 degrés offrant la tour Eiffel en ligne de mire et les emblèmes parisiens comme autant d'étoiles supplémentaires : voilà qui devrait aider à tomber amoureux.

Index

INDEX ALPHABÉTIQUE

INDEX GÉOGRAPHIQUE

Crédits photographiques

Toutes les photographies sont © Bastien de Seze ou proviennent des établissements cités. Autres mentions : © Alina Imbrea Stefania (Gocce) ; © Aron Farkas (The Cambridge Public House) ; © Aymeric Tchoungui (Monsieur Antoine) ; © Benoît Linero (Hôtel Providence) ; © C. Lemoal (La Commune) ; © Charlotte Milliot (Le Fitzgerald, Le Marcounet, Pavillon Puebla) ; © Christine Coquilleau (La Nouvelle Seine) ; © Christophe Bielsa (C.O.Q. Hôtel) ; © Claire Nicot-Bérenger (Le Bar du Caveau) ; © Colas Declercq (L'Arrière-Cour) ; © Cyrille Robin (Flow) ; © Damien Guicheteau (Le Bistrot des Cinéastes) ; © Damien Lafargue (Les Grands Verres) ; © David Foessel (Chez Nous) ; © Divinemenciel (Coup d'Œil) ; © Fabien Voileau (La Candelaria) ; © Géraldine Martens (Etna) ; © Isabelle Chemin (Rosebud) ; © Jean-Brice Lemal (Gravity) ; © Jefferson-Lellouche (Le Très Particulier) ; © Joanna Bink (Coinstot Vino, Marcella) ; © Jocelyn Bucquet (Le Bistrot des Dames) ; © Judith Bormand (Le Salon du Panthéon) ; © K. Pellou (Le Ballroom du Beefclub, Compagnie des Vins Surnaturels) ; © Lione Moreau (Le Comptoir Général) ; © Maïlys de Seze (L'Opium du Peuple, Bubar, Hôte des Grands Boulevards, Marcello, Les Rouquins, MOB Hotel Paris, Balagan) ; © Mar Ancelle (Edgar) ; © Mary Devinat (Le 1905) ; © Michel Trehet (Huguette) ; © Mickae A. Bandassak (Sunset) ; © Paul Bowyer (Night Flight) ; © Philippe Charlot (Hôte Grand Amour) ; © Pierre Lucet Penato (Moonshiner) ; © Rafaël de Cardenas (Pavillo de la Reine) ; © Richard Powers (CloudM) ; © Ronan Le May (Bisou) ; © Shutterstoc (La Belle Hortense, L'Écluse Saint-Honoré) ; © Simon Guillemin (Le Bar à Bulles, L Recyclerie) ; © Stanislas Liban (Uc-61) ; © Steven Reti (Experimental Cocktail Club) © Tom McGeehan (Lulu White) ; © Vgroupe (Lavomatic) ; © Vincent Anceaume (Calbar) © Wikimedia Commons (Ciel de Paris) ; © Yann Deret (Auteuil Brasserie, Bonhomie).

Édition corrigée et mise à jour en 2019

Édition : Sandrine Gulbenkian et Mathilde Kressmann
Relecture-correction : Aude Gandiol et Marc Budin
Direction artistique et couverture : Isabelle Chemin

ISBN : 978-2-37395-059-5
Dépôt légal : mai 2018
Achevé d'imprimer en UE en juin 2019